Paulo Gaudencio

MINHAS RAZÕES   TUAS RAZÕES
a origem do desamor

São Paulo
2014

© Paulo Gaudencio, 2014
12ª Edição, Editora Gaia, São Paulo 2014

- JEFFERSON L. ALVES
  Diretor Editorial

- FLÁVIO SAMUEL
  Gerente de Produção

- ERIKA ALONSO
  Coordenadora Editorial

- THAÍS FERNANDES
  Assistente Editorial

- ESTHER O. ALCÂNTARA
  Revisão

- TATHIANA A. INOCÊNCIO
  Capa

- KAMIRA/SHUTTERSTOCK
  Foto de Capa

- EVELYN RODRIGUES DO PRADO
  Projeto Gráfico

CIP-BRASIL. Catalogação na fonte
Sindicato Nacional dos Editores de Livros, RJ

G237m

Gaudencio, Paulo
  Minhas razões, tuas razões: a origem do desamor / Paulo Gaudencio. - [12.ed.] - São Paulo : Gaia, 2014.

ISBN 978-85-7555-433-3

1. Casamento. 2. Casais. 3. Amor. I. Título.

14-12552   CDD: 306.87
                                            CDU: 392.6

Direitos Reservados

Editora Gaia Ltda.
(pertence ao grupo Global Editora
e Distribuidora Ltda.)

Rua Pirapitingui, 111-A – Liberdade
CEP 01508-020 – São Paulo – SP
Tel.: (11) 3277-7999 – Fax: (11) 3277-8141
e-mail: gaia@editoragaia.com.br
www.editoragaia.com.br

Obra atualizada conforme o
Novo Acordo Ortográfico da Língua Portuguesa

Colabore com a produção científica e cultural.
Proibida a reprodução total ou parcial desta obra
sem a autorização do editor.

Nº de Catálogo: **3633**

MINHAS RAZÕES   TUAS RAZÕES
a origem do desamor

Dedico este livro ao meu universo masculino, àqueles que participaram da formação de meu *animus*.

A meu pai, Álvaro, há muito falecido e que, por isso, a cada livro publicado, desencadeia uma dor chamada saudade. Como eu gostaria de mostrar o boletim!

A meus filhos Álvaro e Maurício. Ambos motivo de orgulho.

A meus irmãos, Jeso e Eduardo.

A tantos amigos. Certamente a memória e a ingratidão me levarão a cometer alguma injustiça. Citarei os simbólicos de períodos.

Waldemar Davini, Maurício Rocha e Silva, José Eduardo Tibiriçá, Sérgio Caiuby, Walter J. Durst, Carlos Zara, Oswaldo Giacoia, José Custódio.

E continua com meus netos: Bruno, Lucas, Pedro, Daniel, João, Theo e Felipe.

A eles todos dedico este livro.

Sumário

Apresentação – *José Fonseca* 9

Introdução 11

Por que o desamor se instala no casamento 13

O ser humano é conflito 19

Conflitos conscientes: a emoção briga com a moral 25

Conflitos inconscientes: o país das leis secretas 31

Todos os impulsos são bons 47

Aprender a dizer não 59

Sexualidade: o moderno e o colonial juntos 65

Paixão mobiliza, mas não constrói 69

Papel flexível: uma saída 75

O relacionamento simbiótico 81

Reconhecendo a própria labirintite 93

Ser inteiro para amar por inteiro 97

Minhas razões, tuas razões 103

Apresentação

Certa vez, o autor deste livro me contou que, estando à procura de uma determinada rua, em um bairro de São Paulo, pediu informação a uma senhora. Esta, prontamente, respondeu: – Pois não, dr. Gaudencio. É logo ali! O episódio retrata bem a força da mídia e o quanto Paulo Gaudencio é conhecido. Desde a década de 1960 ele vem difundindo conhecimentos de psicologia e esclarecendo telespectadores e leitores brasileiros, além de realizar seu trabalho clínico diário. O presente livro é continuação desse trabalho comunitário que Paulo Gaudencio se propõe a fazer. Nesse sentido, podemos dizer que se trata de uma tarefa de psiquiatria preventiva. O papel de escritor de Gaudencio é resultante da confluência dos papéis de médico, psicólogo e professor. O último atributo poderá ser facilmente percebido pelo extremo didatismo destas páginas. O autor traduz, em linguagem simples e coloquial, conceitos às vezes complicados da psicologia e da psicanálise, tais como ideal de ego, impulsos, simbiose etc. Ele brinca, conta casos, provoca e incita o leitor a aprimorar a observação sobre si mesmo (a relação EU-EU) e sobre sua relação com os outros (a relação EU-TU EU-ELE). Aborda neste último aspecto a paixão, a sexualidade, o amor e o casamento.

De forma que, mais uma vez, agora através de um livro, Paulo Gaudencio vai dialogar com seus inúmeros amigos desconhecidos que o conhecem tão bem!

José Fonseca

Introdução

Faltam dez minutos para acabar o jogo. Placar: 2 a l. O time perdedor ainda fica sem um jogador, expulso por ofensa ao juiz. De repente, por uma força desconhecida e surpreendente, os que estão em campo começam a jogar como se fossem vinte, e não dez. E conseguem virar o jogo: 2 a 2, 3 a 2, por pouco não fazem o quarto gol.

O que aconteceu com esse time para conseguir tal façanha? Ele foi capaz de atuar com sinergia (do grego *sin*, junto; *ergas*, força), condição básica para o sucesso de qualquer grupo humano ligado por um objetivo comum.

Um casamento bem-sucedido é um casamento sinérgico. Nenhum grupo tem mais chance de atuar sinergicamente do que o casal. Ele se une por uma emoção intensa, desenvolve um trabalho comum, com finalidade comum, e o principal produto desse trabalho são objetos primários de amor – os filhos. Apesar disso, o insucesso é grande e em grande número. O desamor se instala, e o casamento fracassa, com ou sem separação. Por quê?

Este livro é uma tentativa de responder a essa e outras perguntas sobre o casamento, pondo no papel o que tenho visto, vivido e pensado em mais de quarenta anos de profissão. São hipóteses que podem ajudar a evitar erros e aumentar as possibilidades de sucesso.

Para isso, no entanto, é fundamental que cada um seja capaz de assumir sua parte no erro, mesmo que o primeiro casamento já tenha naufragado. O homem é o único animal que tropeça duas vezes no mesmo buraco. Qualquer outro bicho tropeça e diz: "Epa, não vi o buraco". O homem xinga a prefeitura. Não assume sua responsabilidade no tropeço e, se não assumir, vai continuar tropeçando nos mesmos buracos.

Por que o desamor se instala no casamento

No começo da minha vida profissional, parecia-me até que a origem do desamor no casamento era a água-benta. Via casais se dando muito bem até benzer a aliança. Aí, sei lá por que, começavam a se dar mal. Parecia que não dava sorte. Adotei, então, a primeira hipótese: a rotina. Sempre ouvi dizer que a rotina destrói o casamento. Tenho muitos amores na vida. O amor pela profissão é um deles. Ter profissão não é ter um emprego, mas industrializar um *hobby*, ganhar dinheiro, prestígio, poder, fazer alguma coisa que dá felicidade. A rotina na minha profissão é muito grande, mas não atrapalha. Ao contrário, facilita. Minhas sessões têm hora marcada, têm um ritmo determinado, têm princípio, meio e fim, eu tenho de fazer relatórios, consultá-los. Tudo rotina. Mas essa rotina não diminui o amor que tenho pela minha profissão. É como no casamento: tem hora para almoçar, jantar, dormir, acordar, tem hora até para o lazer. A vida tem de caber naquele horário, atendendo ao profissional e ao social. Se rotinizo tudo isso, ganho tempo. Se tiver de acordar na segunda-feira e inventar uma semana, vou me dispersar.

Tire a rotina do profissional, ele se perde. Tire a rotina do casamento, ele também se perde. Um casal com três filhos, por exemplo, não precisa só de organização para viver. Precisa de logística. Quantas manobras são necessárias até uma refeição chegar à mesa? Sem rotina, não dá, estoura.

Então, a rotina não é causadora do desamor. Alguma outra coisa destrói o amor e faz a rotina virar um peso. Se essa coisa não existir e o amor continuar, a rotina também vai continuar e será facilitadora.

A poeira embaixo do tapete

Depois, vendo o filme *Cenas de um casamento*, de Ingmar Bergman, comecei a formular minha segunda hipótese sobre a origem do desamor. A primeira cena do filme – introduzida com o título *De como jogar a poeira embaixo do tapete* – mostra um casal sueco comemorando seu aniversário de casamento. São figuras conhecidas da sociedade local e estão dando uma entrevista. Contam à repórter que sua vida é boa e que são felizes. A entrevista acaba, ele abre um champanhe, os dois bebem, se beijam, e ele tenta falar da vida sexual dos dois. Ela tem um movimento de desagrado, ele insiste, ela mostra que não quer falar, ele recua, bebe mais um pouco, corta. Na segunda cena, o homem está com a amante, muito mais jovem do que ele. E aí se entende melhor o título da primeira cena: *De como jogar a poeira embaixo do tapete.*

Comecei, então, a compreender o quanto esse hábito, tão comum nos casamentos, de jogar a poeira embaixo do tapete, é causador de ressentimentos. O que é ressentimento? É um sentimento *re*. Se tenho uma emoção que não vira atuação, ela fica. Se tenho uma carga agressiva e engulo, ela permanece viva dentro de mim. Nesse sentido, não existe passado em psicologia. Estou conversando com um casal, eles estão me contando uma coisa ocorrida há dez anos e de repente essa coisa começa a acontecer de novo na minha frente. Ela é revivida, ressentida. O casal joga a poeira embaixo do tapete e acumula ressentimentos. Chega uma hora em que a poeira é tanta, o ressentimento é tão grande, que fica impossível os dois continuarem unidos por qualquer afetividade.

A receita do diálogo

Quando descobri a força da poeira embaixo do tapete como causa do desamor, receitei diálogo. Parecia óbvio. Mas como se pode receitar diálogo para um casal que não consegue dialogar? No mínimo, os dois vão ficar ainda mais ansiosos. Vieram com um problema, saíram com dois.

Ninguém fica neurótico por elegância. Nem é por maldade que o casal não conversa. É porque não pode, não consegue. E aprendi: em vez de receitar diálogo, a gente tem de trabalhar para que as pessoas possam aprender a dialogar.

Para dialogar, no entanto, é preciso fazer dois movimentos complicados e que exigem coragem: falar e ouvir. Tenho de conseguir falar. Tenho de ouvir o que o outro está dizendo. E ninguém me conhece melhor do que a pessoa com quem convivo. O homem é um animal que sente e pensa. Fala o que pensa. Age de acordo com o que sente. Quando não se conhece, não pensa o que sente, não sente o que pensa. Acaba sendo duplo e emitindo mensagens duplas, falando uma coisa e agindo de outra forma, sem deixar de ser verdadeiro. Quando fala, fala a verdade, está falando o que pensa. Quando age, age verdadeiramente, está agindo de acordo com o que sente. Não percebe que é faça-o-que-eu-digo-não-faça-o-que--eu-faço. Não se dá conta de sua incoerência.

Quem está a meu lado o tempo todo está na posição privilegiada de poder registrar a incoerência. O outro está vendo: "Olha, ele diz isso e age assim, seu comportamento é diferente daquilo que ele fala".

No diálogo o outro vai falar de coisas que escondo de mim. São coisas dolorosas. O autoconhecimento é a chave da liberdade, mas é sempre uma má notícia. Quando cresço em autoconhecimento, enfrento coisas escondidas pela minha educação, pela minha vida. Escondi coisas de mim porque, quando era criança, ocorreram fatos tão dolorosos que meu ego não aguentou e eu joguei dentro. Quando retomo aquela coisa com um ego maior, tenho a memória da dor. Quem convive comigo percebe e, percebendo, denuncia. A denúncia também é dolorosa. Então, eu me defendo: não ouço, ataco.

Portanto, o primeiro movimento é ter coragem de ouvir o outro, como se ele estivesse fazendo não uma acusação, mas um depoimento. O segundo movimento é falar sobre coisas dolorosas para o outro. Isso também é difícil, porque amo essa pessoa, não gosto de machucá-la. Ela vai se defender, vai me agredir, e essa agressão dói. Então, prefiro não conversar, para fugir da dor. Jogo a poeira embaixo do tapete e, em longo prazo, vou permitindo a destruição do vínculo.

Há uma passagem do Evangelho, brilhante, na qual Jesus diz: "Deixa o cisco do olho do vizinho e olha o cisco do teu olho". É o que o casal deve fazer. Mas os dois têm ciscos, os dois têm razão. Vejo o seu cisco e acuso; você vê meu cisco e acusa. Nos defendemos e não ouvimos. Como receitar diálogo nessa situação?

Depois aprendi que muitos casais não conseguem dialogar porque não são duas pessoas diferentes. Vivem uma patologia que chamo de processo simbiótico. Os dois desistem de ser inteiros para serem metades. E as duas metades montam uma unidade. Nessa patologia, um não fala com o outro, cada um está falando consigo mesmo. Não existe diálogo, só dois monólogos.

Assim, minha vida profissional, social, pessoal me levou da água-benta à rotina, da rotina ao ressentimento, do ressentimento à falta de diálogo, da falta de diálogo à simbiose – esta, sim, a principal causa do desamor no casamento.

Para entender melhor o que significa simbiose, precisamos entender primeiro o que é uma pessoa inteira.

O ser humano é conflito

O conflito faz parte da vida. E é sonho, apenas sonho, pensar em ser feliz quando os conflitos acabarem. Todo mundo tem esse sonho. Mas os conflitos não acabam nunca. São da essência do ser humano. Há, portanto, em toda pessoa, um conflito entre sua parte animal, que produz impulsos, e sua consciência moral, ou seja, as normas pelas quais ela pauta sua vida.

As normas são absolutamente essenciais para o relacionamento. Não há atividade humana sem normas. Relacionamento sem norma não dá.

Um bom exemplo é o problema que enfrento atualmente: moro numa rua de mão única, o que me obriga a dar a volta no quarteirão para chegar em casa. Mas, nessa volta, eu passo por dois bares de intenso movimento. Então, chegar em casa é um verdadeiro inferno. Seria muito mais fácil se eu pudesse entrar na contramão. Vamos supor, agora, o seguinte: não existem mais normas no trânsito de São Paulo. Quem quiser sobe na calçada, estaciona onde achar melhor, eu entro na minha contramão. Em quinze minutos, a cidade estaria parada. E todo mundo entenderia perfeitamente que as normas existem para viabilizar o andamento da comunidade. Então, as normas podem até me prejudicar em curto prazo, mas em longo prazo são fundamentais.

Além de ser essencial e de ter uma utilidade – que deve ser esclarecida para que as pessoas possam assumi-la e então serem autônomas –, a norma tem uma duração. Por exemplo: eu estabeleço uma norma numa empresa para agilizar o fluxo de trabalho. De repente, essa empresa cresce muito e começa a exigir novas formas de trabalho. Se eu conservar a norma antiga, sem mudar, essa norma, que tinha por finalidade viabilizar o fluxo, vai começar a amarrar a empresa, vai impedir que a coisa nova se estabeleça. Ela passa a ser uma camisa de força. Norma, portanto, em utilidade, precisa ser entendida e deve ter uma duração. Fica absolutamente evidente a aplicação desses aspectos da norma no relacionamento familiar.

A mudança de comportamento que se observa nos jovens na transição infância-adolescência e durante toda a adolescência é um exemplo claro disso. A tentativa de manutenção das normas que atendiam às necessidades durante a infância e que retomam aos quinze ou dezesseis anos é um exemplo. O nascimento de filhos, o crescimento deles, mudanças de emprego ou de cidade, inúmeras situações que exigem a alteração dos comportamentos. Manter a expectativa de que todas as normas continuem imutáveis é pura alienação. Só que é incrível o número de casais que se dedica a essa alienação.

Quando estive nos Estados Unidos, vi certa vez uma rua onde era proibido virar à direita. Então, começou a ocorrer ali uma grande quantidade de multas, porque muita gente desobedecia à sinalização. O que eles fizeram? Mandaram um técnico para estudar o assunto, porque acharam que, se havia muitas multas, era sinal de que a norma podia estar errada. O técnico foi, observou e percebeu que entrar à direita naquela rua não era problema. Então, a norma foi mudada. Eu contei isso para dar a quarta definição de norma: a norma tem uma duração porque ela está sempre a serviço de alguma coisa. Ou seja: a norma deve servir às pessoas, e não o contrário. Resumindo: a norma é essencial, não dá para construir nenhum relacionamento sem ela. Se entendo a sua finalidade, eu a assumo. Se não entendo, obedeço mecanicamente, sem autonomia. Ela deve ter uma duração, senão perde a sua finalidade e, em vez de ajudar o fluxo, passa a ser uma camisa de força. Enfim, a norma deve estar a serviço das pessoas.

Ideia x estrutura: a crise

Com as emoções e o relacionamento amoroso, as normas funcionam da mesma forma que nas empresas, no trânsito ou na vida: podem facilitar o fluxo ou comprimi-lo.

Mas vamos começar do começo. O homem descobre a verdade, tem ideias. Nenhum homem tem o conhecimento da verdade como um todo. Ele descobre aspectos da verdade, tem uma visão de amor, de profissão, de amizade. Mas, para que a ideia se concretize, é preciso ter uma estrutura que lhe dê base.

Só que, quando a gente tem ideias, monta uma estrutura e começa a atuar, acontece uma coisa gozadíssima: a gente aprende. A ideia caminha, e chega um determinado ponto em que ela não pode mais se concretizar porque a estrutura anterior caducou. A estrutura antiga não tem mais função. A ideia evoluiu e precisa de uma nova estrutura que a sustente. Então, inicia-se uma crise.

Ideias e estruturas, no entanto, não existem no ar. Uma empresa é o conjunto de pessoas que trabalha nela; a família é um núcleo formado de pessoas. Então, a crise se dá entre as pessoas que caminham com a ideia e as pessoas que se estruturaram. E como isso vai se resolver? Havendo uma desestruturação, depois uma reestruturação, um período de paz e um novo caminhar da ideia que, por sua vez, vai desencadear uma nova crise.

Isso quer dizer o seguinte: crise é sintoma de crescimento. Em segundo lugar, crise é uma coisa eterna. A pessoa pensa: no dia em que eu acabar com as minhas crises, serei feliz. Então, está perdida, porque crise, assim como conflito, existe sempre. Só não entra em crise quem envelheceu. É por isso que eu gosto de chamar de jovem aquele que caminha com a ideia e de velho aquele que se estrutura. E isso não tem nada a ver com a idade. Você pode encontrar um jovem de 70 anos e um velho de 25.

As crises precisam de um tempo para acontecer. E parece que nos relacionamentos interpessoais (e até nas relações de trabalho) o ritmo é de sete em sete anos. É o tempo que leva para que as pessoas amadureçam e para que a ideia nova tome corpo. A possibilidade de um casamento não se destruir acontece quando os dois têm a crise juntos, quer dizer, a ideia caminha e, ao mesmo tempo, é possível reavaliar a estrutura. Então, faz-se uma nova norma, um novo contrato.

As desestruturações e as reestruturações, portanto, fazem parte de qualquer relacionamento amoroso. Como somos seres humanos com conflitos, nossas relações também serão cheias de conflitos, tanto conscientes como inconscientes.

Conflitos conscientes:
a emoção briga com a moral

Todo animal, em determinadas circunstâncias, tem o seu corpo carregado de energia. Por exemplo: um cachorro está roendo um osso, vem outro cachorro e tenta pegar o osso. Para se defender, o primeiro cachorro se arma de uma forte energia, que o faz pular no pescoço do outro, morder, atacar. Outro exemplo: um cachorro vê de repente passar perto dele uma cadela no cio. Ele se enche de uma carga de energia e vai copular com a fêmea.

Nós também sentimos isso. Eu estou roendo o meu osso profissional e vem um sujeito que quer o meu osso. Eu sinto a mesma carga de energia que o cachorro sente. Então, nesse sentido, nós somos animais iguais aos outros.

Mas, ao contrário dos outros animais, nós temos também uma parte que diz se vamos ou não colocar aquela carga de energia para fora, quando e como vamos fazer isso. Então, eu estou amando e alguém tenta roubar o meu objeto de amor. Uma carga muito grande de energia apodera-se de meu corpo e eu fico com raiva. Outra situação: estou andando à noite na rua, ouço passos atrás de mim, olho e não vejo ninguém. Meu corpo se enche de uma carga de energia, eu sinto medo. Ou, ainda, eu me sinto atraído por alguém e me carrego de energia afetiva ou sexual.

Essa energia se chama impulso. Mas a gente não sente a carga de energia, sente o seu representante psíquico: a emoção. Acontece que esse impulso, essa emoção – raiva, medo, tesão –, conflita com uma coisa que os outros animais não têm, chamada consciência moral. Esse conflito é absolutamente constante no ser humano. Cada vez que entro numa situação de conflito, isto é, cada vez que meus impulsos entram em contradição com minha consciência moral, eu tenho angústia.

A palavra angústia vem do latim *angor*, que quer dizer aperto. Quando estou dividido entre duas coisas, igualmente importantes para mim, sinto um aperto no coração, nos brônquios, um nó na garganta, e não consigo dar a última respiradinha. Então, eu suspiro para tentar abrir os brônquios, tenho uma suspirose. É totalmente diferente da ansiedade. Ansiedade é o que sinto quando tenho de chegar a algum lugar e o trânsito me impede. Dá raiva, e eu bufo. O angustiado suspira, o ansioso bufa, está cheio de ar.

Temos bons remédios para ansiedade, depressão, tensão, insônia, excesso de sono, tudo. Só não existe remédio para a angústia. A única coisa capaz de deter a angústia é uma opção. Se você tomar uma atitude, escolher, agir, a angústia se dissipará instantaneamente. E, depois de escolher, você entra em frustração. Não tem saída: ou você está angustiado, ou está frustrado. Dividiu, angustiou. Escolheu, frustrou.

Frustração não adoece

As pessoas se atrapalham um pouco com essa história de frustração. Para muita gente, frustração é sinônimo de doente. Fulano é um frustrado, não devo frustrar meus filhos, não posso me frustrar. Isso é besteira. Frustração não adoece. Causa, isso sim, uma dor, que pode ser maior ou menor, dependendo da compensação que eu tenho. Se consigo uma boa compensação, não dou bola para a minha frustração.

Por exemplo: uma das coisas raras na minha vida, assim como na de tantas pessoas, é a chamada noite livre. Faço terapia de grupo – o que me obriga a trabalhar depois das seis horas da tarde, quando meus pacientes já pararam de trabalhar. E não me lembro de nenhuma noite livre em que não houvesse pelo menos dois filmes interessantes em cartaz para ver.

O que acontece? Vou à bilheteria e compro o ingresso, chateado. No fundo, queria ver o outro filme. E não adianta trocar. Também vou me chatear porque no fundo queria ver o primeiro. É inviável entrar no cinema sem estar frustrado, mesmo se escolher as aventuras de Indiana Jones, porque deixei de ver o outro filme.

Mas achei o Indiana divertido, maravilhoso. Saio feliz, compensado. Se, em vez disso, tivesse ido assistir a um filme chato, sairia do cinema sentindo frustração porque não fui compensado.

Depois do cinema, vou para o restaurante, pego o cardápio e tenho de escolher de novo. Se peço o prato certo, tudo bem. Se não, posso continuar frustrado.

O caminho é sempre esse: impulso, consciência moral, angústia, frustração, compensação. Esse é o problema cristão do pecado: quando você peca, você dá a vitória para o impulso e tem uma frustração consciente chamada arrependimento. O que não nos ensinam é que, quando não pecamos, temos a mesma frustração com o mesmo nome: arrependimento.

Vamos pegar o exemplo da bomba de chocolate. Eu estou fazendo um regime e fico com muita vontade de comer uma bomba de chocolate. O conflito está estabelecido. Então, eu peco, eu como a bomba. Tenho uma compensação grande de curta duração e um arrependimento de longa duração. Mas eu posso não pecar: não como a bomba de chocolate, tenho um arrependimento grande de curta duração e uma compensação de longa duração. Ou seja, se como a bomba de chocolate, tenho prazer e arrependimento; se não como, tenho arrependimento e prazer, ambos os arrependimentos medidos em gramas.

Da bomba de chocolate à mulher do próximo é o mesmo mecanismo. Se dou a vitória ao impulso, a compensação é grande, mas de curta duração, e o arrependimento, de longa duração. Se dou a vitória à consciência moral, a frustração é grande, e a compensação de longa duração. Nada vai evitar essa tragédia. Eu trabalho há mais de quarenta anos em psiquiatria, de segunda a sexta, das nove da manhã às nove da noite, observando pessoas que tentam achar um jeito de optar sem perder. E nunca consegui achar uma que tenha sido bem-sucedida. Não tem jeito.

Vista assim, a vida parece de uma simplicidade incrível. E seria, se esse fosse o único conflito do ser humano. Acontece que esse é apenas o conflito consciente. No inconsciente, existe outro conflito, que se estabelece entre os mesmos impulsos e uma consciência moral inconsciente – o superego.

Conflitos inconscientes:
o país das leis secretas

Existe no ser humano uma vida que ele desconhece. Quando Freud afirmou isso, foi um susto. A história aconteceu assim: no hospital em que ele trabalhava, havia algumas mulheres que eram paralíticas, sem causa orgânica para isso. Elas não tinham nenhuma doença, e os músculos não eram atrofiados. Como eram mulheres, tinham útero – que em grego é *histeron* –, e os médicos acreditavam que a doença se devia a emanações que subiam do útero, então elas eram chamadas de histéricas. Os tratamentos eram bravos: choque elétrico, banho frio no inverno, uma barbaridade. Então, um dia, Freud disse: "Essas mulheres estão resolvendo problemas inconscientes". Ninguém sabia o que era isso. Só que ele as tratou, e elas voltaram a andar, na medida em que a hipnose acessou o que elas estavam resolvendo inconscientemente com a paralisia. Isso aconteceu há cerca de cem anos.

Um dia, fui levar uma pessoa para ser internada no hospital. Eu tenho problemas de coluna, já a operei três vezes. Nesse dia estava tenso, preocupado e fiquei curvado durante mais de quinze minutos, preenchendo uma ficha e conversando com a enfermeira. Na hora de sair, estava tortinho. Sabia que no dia seguinte teria de tomar anti-inflamatório, ansiolítico etc. Eu estava sem carro, mas havia um táxi parado na porta. O motorista me viu, abriu a porta para eu entrar e disse:

– O senhor está com dor nas costas?

– Estou.

– O senhor internou alguém no hospital?

– Internei.

– Então não se preocupe. Isso é psicossomático.

Foi uma precisão diagnóstica sem tamanho, tão grande que, quando ele perguntou qual era minha profissão, respondi sem hesitar: corretor de imóveis. Quer dizer: quando Freud falou em inconsciente, há cem anos, foi um susto. Hoje em dia, até o motorista de táxi sabe o que é isso. Faz parte do senso comum. O inconsciente existe e pode adoecer as pessoas.

Mas há uma outra afirmação, muito mais violenta e que também é verdadeira: existem normas em mim que não conheço, e essas normas me deixam dividido sem que eu saiba. Ou seja: existe uma condenação em mim desconhecida de mim. Vivo como se eu fosse um país com decretos secretos. E, por não conhecer esses decretos, cometo delitos e vou preso sem saber por quê.

O livro *O processo*, de Franz Kafka, ilustra bem isso. É a história de um cidadão que é preso, julgado, condenado e morto. Ele sabe tudo, menos de que crime é acusado. É um livro autobiográfico, não só de Kafka, mas de todos nós. Temos um juiz dentro de nós, ele nos condena, e nós não sabemos a razão. A condenação nos provoca dor, à qual damos o nome de sentimento de culpa.

A culpa é diferente do arrependimento. Quando me arrependo, sei do que me arrependo, é consciente. Quando me culpo, não sei por que me culpo. Só me sinto mal. E, como você não sabe qual é o crime que cometeu, você não se perdoa. Para compensar, se pune. Então: nós nos sentimos culpados e nos punimos por crimes que não conhecemos, por normas que não nos foram reveladas.

Essas normas são inconscientes e, por isso, imutáveis. Posso mudar a norma consciente de uma lei de trânsito, mas não posso mudar uma norma inconsciente – a não ser que consiga torná-la consciente.

Existem, então, decretos inconscientes que me proíbem de fazer coisas, sem que eu saiba disso. Agora vem o pior: esses mesmos decretos me proíbem não só de fazer coisas, mas também de sentir desejo de fazer coisas, também sem que eu saiba disso. Sinto-me culpado por sentir coisas e, sem saber, me condeno por isso.

Um exemplo: o menininho, filho único, recebe a notícia de que a mãe está grávida e que ele vai ganhar um irmãozinho. A família, então, prepara o campo para o amor que o menininho vai sentir pelo irmão. Conta para ele que o bebê está na barriga da mamãe, atrás do coração, que está crescendo. À noite, ele beija o papai, beija a mamãe, beija a barriga da mamãe.

No dia em que o irmãozinho nasce, a família compra um presente para o menininho e diz que foi o irmãozinho que trouxe. Preparou-se o campo para que ele ame o irmão. Ele vai amar? Vai. Seu esporte preferido: furar os olhinhos do irmãozinho. Por quê? Porque ele quer que o irmão fique cego. Ou morra. Porque ele percebe que ficou um pouco de lado. O irmãozinho mama no peito da mamãe, e ele não pode fazer a mesma coisa. Papai, que chegava em casa e se dedicava inteiramente a ele, agora corre para ver o bebê. Isso faz o menininho sentir ciúme, medo e raiva. Ele quer furar os olhinhos do irmãozinho, quer que o outro morra porque ele sente muito amor pelo irmãozinho, mas sente também um profundo ódio daquela pessoa que veio dividir com ele o afeto do pai e da mãe.

Se nós soubéssemos lidar com as emoções, ensinaríamos aos nossos filhos que eles podem amar e ter ódio ao mesmo tempo. Não pode furar o olho do irmão, mas amar e ter ódio pode. Mas, como lidamos mal com as emoções, começamos a ensinar para o filhinho que ele não pode sentir ódio porque o irmão é o único amigo que ele vai ter a vida toda. E que, se ele sentir ódio, papai e mamãe não vão gostar dele.

O que o menininho faz? Começa a reprimir sua agressividade. Cria uma norma dentro dele que diz que ter ódio do irmão é doentio, é pecado, é errado, é uma coisa que ele não pode fazer. E vai reprimindo o ódio. Trinta anos depois, o menininho está em São Paulo e recebe a notícia de que o irmãozinho sofreu um acidente em Curitiba e quebrou a perna. Ele sente uma culpa enorme e não sabe por quê. Porque finalmente ele furou os olhos do irmãozinho e ficou feliz.

Uma vez vi uma cena que foi marcante em minha vida. Eu estava no segundo ou terceiro ano de faculdade e praticava atletismo. Naquele dia, ia haver uma corrida de cem metros rasos com barreiras para mulheres. Havia duas corredoras ótimas, e todo mundo sabia que uma das duas ia ganhar. Uma delas era uma jovem de 1,70 metro de altura, devia pesar uns cinquenta quilos, corpo de atleta, feita para ser atleta. A outra era uma jovem baixinha, com seios grandes, corpo de antiatleta, mas uma "caxias" dos infernos, dedicada, incansável. As duas eram muito amigas. Foi dado o tiro de partida, elas já saíram na frente, passaram a primeira barreira, a segunda, e, na terceira, a mais alta bateu com o pé na ponta da barreira, desequilibrou-se e caiu de cara no chão. A outra ganhou a corrida. E então, para surpresa de todo mundo, voltou imediatamente, chorando, e foi ajudar a amiga a se levantar. Eu, que já conhecia um pouco de psicologia, entendi o que ela sentiu: se o meu maior amigo tropeça na barreira, eu fico tão feliz que vocês não fazem ideia, mas a culpa que eu sinto por ter ficado feliz com o tropeção do outro é um negócio tão grande que eu volto chorando. Ela não fez nada, não empurrou a amiga, não teve responsabilidade pelo tombo da outra, mas ficou feliz com o tropeção e se sentiu culpada.

A compensação para o sentimento de culpa é a autopunição. Alguém, por exemplo, que compete inconscientemente com um irmão e ganha na loteria pode se sentir culpado e se punir, encontrando um jeito de jogar o prêmio fora. A moça que muda de cidade e começa a ganhar muito dinheiro em determinada atividade passa, de repente, a perder os cheques, errar nos depósitos, tentando jogar tudo fora, por alguma culpa inconsciente.

Um outro bom exemplo de autopunição é a história daquele sujeito que comprou um carro muito bacana e, no dia seguinte, saiu com o carro da garagem e foi estacionar na frente do prédio. E conseguiu atropelar um vaso que estava em cima da calçada. Amassou todo o carro.

Uma das coisas que se pode fazer por autopunição é destruir um relacionamento do qual a gente gosta e que acha que não merece, do mesmo jeito que a gente não merecia o carro e, por isso, precisou amassá-lo.

O grande pacote de expectativas

E de onde vêm essas normas secretas que comandam nossa vida e provocam culpa quando as desobedecemos ou desejamos desobedecer? Vêm de um território muito importante chamado superego. O superego é o conjunto do ego idealizado e da censura dos impulsos que não correspondem a ele.

Primeiro, vamos ver o que é o tal ego idealizado. Ego idealizado é um pacote de expectativas que tenho a meu respeito e que começo a construir desde a infância. Quando sou criança, aprendo o que é um bom filho: o bom filho ama o papai, ama a mamãe, é obediente, não diz palavrão, gosta do irmãozinho, vai bem na escola. A partir daí, crio uma série de expectativas de como devo ser e passo a censurar todo impulso que não corresponde a essas expectativas.

Se eu tiver um ego idealizado muito alto, vou censurar muitos impulsos. Quanto mais elevado for o ego idealizado, menos impulsos corresponderão a ele, ou seja, haverá uma enorme censura. O grande truque, portanto, é trabalhar o ego idealizado, fazer com que ele não seja tão elevado. O problema é quando você se sente rejeitado, porque aí você pensa que tem de ser bacana para conseguir afeto. A rejeição faz com que o ego idealizado seja cada vez maior. Nesse caso, você vai censurar mais impulsos.

Numa época da minha vida, fui contratado para ser psicólogo do Corinthians. O time tinha muitos problemas, e um deles era um bom jogador que estava numa fase ruim. Um dia, aos sete minutos e meio do primeiro tempo, num jogo contra o Santos, centraram uma bola, o tal jogador correu, tentou matar, e a bola espirrou. O Pacaembu inteiro vaiou. Como a torcida apostava nele, achava que ele não podia errar de jeito nenhum. Então, ele não podia jogar porque ficava paralisado diante daquela pressão toda. Se, como ele, a gente tem a torcida do Corinthians dentro da cabeça, não consegue produzir tudo o que sabe. Ter a torcida do Corinthians dentro da cabeça é ter um ego idealizado dos mais elevados. Ele cobra que você não tenha nenhuma falha, e isso imobiliza. Mas, se você conseguir transformar o seu ego idealizado de torcida do Corinthians em torcida do Camanducaia Futebol Clube, vai começar a melhorar sua vida.

Tem um outro episódio sobre isso que é muito interessante: um dia, um rapaz foi me procurar para fazer terapia e me contou sua história. Ele havia sido um menino pobre e inteligente que, durante toda a infância, fôra apaixonado por uma menina ruivinha, rica e linda que morava na mesma rua. Ele nunca falou com a menina, mas ela foi uma paixão que ele carregou pela vida toda. Aos quinze anos, o rapaz mudou de lá, não viu mais a menina. Foi fazer faculdade, era inteligente, teve muito sucesso e virou diretor de uma grande empresa. Um dia, quando ele estava com trinta anos de idade, apareceu na empresa uma secretária. Quem era? A menina. Eles se reconheceram, falaram do passado, ele contou que tinha sido apaixonado por ela, e não deu outra: foram para a cama. E, na cama, ele estava se relacionando com a ruivinha que tinha sido a paixão da vida dele. O ego idealizado foi lá para cima. E foi a única coisa que levantou, porque o cara deu uma brochada que o levou à terapia. Por quê? Porque, de repente, a torcida do Corinthians dentro da cabeça dele começou a exigir produção, ele não podia errar, do mesmo jeito que o jogador.

Esse mesmo tipo de situação acontece, por exemplo, com a criança. Você diz para ela: "Pega aquele vaso ali, mas toma cuidado que é de cristal, mamãe ganhou de presente e adora esse vaso". Na hora em que diz isso, você aumenta sensacionalmente a chance de a criança quebrar o vaso porque introduz na situação um fator de ansiedade.

A mãezinha que amava o filho de paixão

Lembremos que o superego é o conjunto do ego idealizado mais a censura dos impulsos que não correspondem a ele. O exemplo mais claro de superego é aquela mãezinha que chega ao consultório com os olhos inchados de tanto chorar. E diz: "Não sei o que está acontecendo comigo. Tenho 25 anos, sou casada há um ano e tenho um filho de três meses que amo de paixão. Só que estou desesperada. À noite, acordo e tenho a impressão de que ele está morto. Vou lá, aperto o nariz do bebê até ele se mexer, dar um sinal de que está vivo. Também não consigo dar banho no meu filho porque parece que ele vai se afogar. Moro no décimo andar e não posso carregar o bebê porque tenho a impressão de que ele vai cair pela janela. Minha mãe está morando conosco para tomar conta da criança. Acho que enlouqueci".

Bom, a moça vai ter de fazer uma terapia. Mas qual é a minha hipótese inicial? Essa moça diz que está casada há um ano, quer dizer, ela gostou do rapaz, o rapaz gostou dela, eles se envolveram, se apaixonaram, casaram, saíram em viagem de lua de mel e ela voltou grávida dessa viagem. Toda aquela paixão se transformou em náusea: ela vomitou um mês, dois, três, quatro. No quinto mês, a náusea melhorou e a barriga cresceu. A vida afetiva do casal não sofreu grandes perturbações, o marido estava preocupado com a esposa; mas a vida sexual, esta sim mudou. Era muita náusea para ter vida sexual. No quinto mês, quando ela estava melhorando, a barriga cresceu e o marido achou que se transasse com ela iria prejudicar o feto. A moça achou que ele a estava evitando porque ela estava feia.

Aí, nasceu aquela coisinha maravilhosa que a mãe ama de paixão. E a coisinha maravilhosa chora de manhã, à tarde, à noite, de madrugada. Mama, racha o bico do seio da mãe, o seio dói, sangra. Mas finalmente a criancinha dorme. E, quando a criancinha dorme, a mãe vai lá e aperta o nariz para ver se ela está viva. A criancinha se mexe e chora de novo. Começa tudo outra vez.

Claro que o casal já não tem mais vida sexual. O marido nem dorme mais no quarto porque tem de levantar cedo para trabalhar no dia seguinte, e é impossível descansar com a criança chorando. Ele está irritado, ela está irritada, a vida profissional dela foi para o espaço, e, alegria das alegrias, a mamãe da gestante está morando com o jovem casal para tomar conta da criancinha.

E o que sente essa mãe diante disso tudo? Amor. Porque, no ego idealizado dela, a mãe ama o filho de paixão. Só que a criança chora, chora, chora, e ela sente raiva, raiva e mais raiva. Mas esse impulso – a raiva – não cabe no papel. No papel daquela mãe, só cabe amor. A agressividade vai virar sintoma. Ela vai ter a impressão de que a criança pode morrer.

A mãe entra, então, num grupo de terapia, e, um dia, numa sessão, uma outra mãe, de 42 anos, já mais experiente, chega e diz: "Eu estou morrendo de ódio do meu filho". A jovem mãe se assusta. Mas todo mundo quer saber por que a outra está com raiva, o que aconteceu, se ela tem razão ou não, e a discussão começa. Aos poucos a mãezinha vai começando a entender uma coisa absolutamente normal que ela não sabia: que mãe pode ter raiva do filho, o que não quer dizer que não o ame.

Com a evolução do grupo, ela vai aprender também que aquela agressividade tem função, porque, se ela não sentir raiva, não vai colocar limites; e, se não puser limites, o filho se tornará um ditador. Então, ela começa a trabalhar essas descobertas. Compreende que passou a vida inteira acreditando que no papel de mãe não cabia agressividade, e agora sabe que ela não só cabe como é necessária. Com isso, o superego e o ego idealizado se tornam menos rígidos, vai haver menos censura da agressividade, ela flexibiliza o papel de mãe e pode colocar novos impulsos dentro dele. Sente-se, então, melhor, e vê o sintoma desaparecer. Como o papel se tornou mais flexível, o sintoma sumiu.

Mais tarde, nós vamos investigar que coisas aconteceram na sua infância para que ela se sentisse rejeitada a ponto de precisar ser tão bacana para conseguir um mínimo de afeto. A terapia consiste exatamente em acessar essas motivações escondidas para saber qual é a condenação inconsciente. É voltar a escrever as normas.

Como são escritas essas normas? O mecanismo é mais ou menos assim: se tenho alguma coisa que reprimo em mim, e alguém vive essa coisa que eu reprimo, vou desenvolver uma carga agressiva contra essa pessoa. Não tem nada pior para um santo que um pecador feliz. Posso amar meu filho de paixão, mas se ele começar a viver um impulso que reprimo em mim, vou ter uma carga agressiva contra ele. No caso do filho, essa carga se chama rejeição.

Do lado de quem rejeita, rejeição e desamor não são sequer parentes. Posso rejeitar uma pessoa que amo, e posso nunca rejeitar uma pessoa que não amo. Aliás, as pessoas que a gente não ama são café com leite, a gente deixa de lado, não se incomoda nem em rejeitar.

Só que, do lado do rejeitado, rejeição e desamor são a mesma coisa. Então, o que ele faz? Passa a reprimir o impulso, porque viver aquele impulso traz desamor. É assim que ele começa a montar o seu superego. Ele vai ter reprimido nele o que eu tenho reprimido em mim. E não adianta discurso, não adianta conversar, não adianta saber que atitude a gente vai ter com o filho para mudar o seu comportamento. O único jeito de melhorar o seu superego é mudar o meu. Porque se eu tiver um superego que condena o impulso do outro, por mais livros de psicologia que eu tenha lido, vou levá-lo a reprimir o impulso. Então, o único jeito de melhorar o superego do filho é melhorar o superego da gente.

A mesma coisa foi feita conosco lá na infância. Os impulsos que reprimimos em nós foram os impulsos que vimos reprimidos no outro. O pior é que você pensa que essas normas são suas, quando na realidade elas foram colocadas na sua cabeça pelo seu pai e pela sua mãe. E a gente cresce e coloca na cabeça do filho a mesma coisa.

A norma tem de estar a serviço da pessoa. Quando a pessoa se coloca a serviço da norma, perde a possibilidade de ser livre. Quanto mais rígido for o superego, menos possibilidade a pessoa tem de viver.

No processo terapêutico, a gente reavalia o superego para flexibilizar o papel, para caber o máximo de impulsos dentro dele. O objetivo não é destruir o superego nem a consciência moral. O superego precisa existir. Preciso de um código de valores, tanto consciente como inconsciente, para viver. Se não tenho superego, a cada opção sou obrigado a rever todos os valores. Sem superego, a pessoa se torna um animal antissocial, amoral, alguém capaz de cometer qualquer crime. Houve um caso policial há alguns anos que ilustra isso: um menino matou a família inteira simplesmente porque queria ouvir música em casa e a família não deixava. Só ficou um pouco chateado na hora de matar o irmãozinho de oito anos. E queria saber se ia receber herança para poder pagar o advogado. Esse menino simplesmente não tinha superego. Provavelmente a etiologia, nesse caso, não é educacional, mas biológica.

Às vezes, o superego existe mas é frouxo, por falta de pai ou de mãe, de educação, orientação, limite. É o caso da moça que rouba coisas, rouba dinheiro, engana, mente e, a cada falta grave cometida, procura o namorado, um homem violento, que bate nela por qualquer coisa. A moça apanha e se acalma, numa espécie de autopunição. Ela tem superego, só que ele é frouxo. E usa o outro como superego auxiliar.

Há casos também em que exatamente o excesso de pai, de mãe, de orientação enfraquece o superego. Pais que, diante dos "erros" do filho, se comportam como "grilos falantes", transformam a criatura em um tipo de Pinóquio. Ela vai ter muita dificuldade para desenvolver sua consciência moral. A criança precisa de espaço para errar sozinha. Só assim pode aprender.

Um móbile frágil e que balança

Vamos voltar, então, ao conflito. Sabemos que há dois tipos de conflito: o consciente e o inconsciente.

No conflito consciente, eu tenho um impulso – de atração por uma pessoa, por exemplo, que não é minha mulher. Mas, ao mesmo tempo, tenho um contrato de fidelidade com a minha mulher. Eu entro num conflito consciente. Eu gosto de dizer que fidelidade é menos estimulante que rodízio de chuchu regado a água. É natural do impulso sexual requerer novidade. Se tenho um compromisso de fidelidade, vou frustrar uma coisa normal. Como resolver? Depende da compensação. Essa compensação está na alegria que tenho no casamento, nos prazeres que divido com minha mulher, na felicidade que ela me dá e que eu dou a ela. Assim, o que é consciente dá para lidar com facilidade. É uma questão de avaliar a compensação. O que não dá para lidar é com o seguinte: uma jovem senhora aprendeu que o impulso sexual só cabe no papel de esposa. Um dia, ela vai buscar o filho na escola e descobre que sente atração sexual pelo professor do menino. Nada mais natural. Só que ela se considera culpada por sentir o impulso, mesmo não fazendo nada para levá-lo à prática. Se fosse um conflito consciente, ela não teria do que se arrepender, pois não comeu a bomba de chocolate. Mas ela carrega a culpa de ter sentido fome. E por causa disso vai se castigar. Por quê? Porque existe a censura inconsciente de impulsos normais. Quando o superego é rígido, você tem uma série de impulsos normais que não pode viver. Nesse caso, até situações comuns são descartadas. Por exemplo: uma mulher está separada do marido, é uma mulher normal, com gônadas, hormônios, com tudo o que faz com que uma pessoa tenha impulso sexual. Só que ela pode desenvolver uma dificuldade de se relacionar sexualmente com outro homem que não o marido. Por quê? Porque ela estabelece uma condenação inconsciente a isso.

Este é o ser humano: um conflito inevitável. Quando comecei a trabalhar, achava que o ser humano adulto normal era uma pirâmide sólida e inabalável. Hoje vejo o ser humano no extremo oposto. É um móbile frágil. Soprou, ele balança. Mas há um ponto de equilíbrio ao qual ele retorna. Porém, se o ego idealizado é muito elevado, o superego começa a condenar impulsos, passando, então, a tirar peças do móbile: tira a agressividade, tira o sexo, tira a inveja, tira o ciúme. E o homem se desequilibra. Fica rígido, inflexível, imóvel. E torto.

A única coisa que vai fazê-lo se reequilibrar é ele pendurar de novo no móbile as peças que tirou, quer dizer, o que vai reequilibrar o ser humano são os seus defeitos, ou melhor, aquilo que ele aprendeu como sendo defeitos. Ou numa visão colorida: se ele aprendeu a viver amarelo e reprimiu o azul, tem de recuperar o azul nele para ficar verde. Não se faz o verde sem misturar o amarelo com o azul.

Todos os impulsos são bons

Para reequilibrar o móbile, é preciso requalificar os impulsos que sentimos. Requalificar significa repensar, avaliar de novo, dar uma nova qualidade àquilo que parecia estabelecido. Quando eu era pequeno, minha avó dizia sempre que comer manga com leite dava congestão e matava. Um dia, levaram-me ao Parque da Água Branca, e eu entrei numa fila para ganhar uma amostra grátis de um produto esquisito chamado Manga Split – um pó de manga para pôr no leite. Fiquei muito chocado. Aquele negócio matava. Mas, se tinha uma fila tão grande e uma indústria fabricando, então não devia matar. Vovó estava enganada. E, se tinha se enganado com a história da manga com leite, poderia também ter se enganado com muitas outras coisas que tinha me ensinado, como que sexo é pecado ou que ser agressivo é ruim, que se deve ser honesto etc.

Requalificar, portanto, é duvidar do que vovó dizia e avaliar novamente. A gente aprende, o bom senso explica, mamãe conta, a escola informa, a lei reforça, a religião mostra que existem dois tipos de instintos: os bons e os maus. Amor, por exemplo, é considerado um instinto bom. Agressividade é um instinto mau. Os instintos bons são aqueles que a gente deve pendurar no móbile, fazendo força para que sejam os únicos. Os maus são os que a gente deve retirar do móbile, reprimir.

Reprimir é deixar a fera dentro da jaula. Se tiro a fera da jaula e a domo, ela ainda é fera, mas está sob o meu controle. Quando reprimo um impulso, eu não consinto que ele atue. Vivo como se ele não existisse. Em outras palavras, passo a não sentir o que sinto. Boto a fera dentro da jaula. Ela, porém, não para de agir. A fera informa meu comportamento, mas estou surdo para ela. E o comportamento fica descontrolado, porque atuo sem saber quem é o informante.

Além de condenarmos os instintos considerados maus, nós também costumamos trocar os nomes de alguns deles para disfarçar. É outro jeito de pôr a fera para dentro. Trabalhei uma vez com um grupo de freiras. Uma delas era muito mal-tratada no convento, a madre superiora massacrava a coitada. E, quando ela me contou isso numa sessão, perguntei se ela não sentia um ódio muito grande por causa daqueles maus-tratos. A freira me olhou muito surpresa e se calou. Numa outra sessão, ela voltou a relatar os maus-tratos e injustiças e eu perguntei: "A senhora sente raiva?". Novamente um olhar de surpresa. Como eu poderia pensar que uma pessoa tão boa, tão santa, sentisse coisas tão ruins? Após algum tempo, houve novo relato de uma injustiça absolutamente revoltante. Dessa vez, perguntei: "E a senhora se sente magoada por causa disso?". Aí ela aceitou: "Isso, doutor. Eu tenho uma mágoa tão grande...

Meu coração é um pote de mágoa". Então, eu entendi que mágoa é ódio de freira. Mágoa pode, ódio ou raiva, não. Quando vejo alguém muito magoado, penso: quanto ódio ele está sentindo! É um ódio implodido, reprimido, esquecido no time dos impulsos que a moral estabeleceu como maus.

Essa dicotomia entre instintos bons e maus é simplesmente cultural. Na verdade, todo instinto é bom. Ele pode, no entanto, dar um resultado bom ou mau. Exemplo: o amor é um instinto bom, posso fazer coisas majestosas com o amor, mas posso também destruir por amor. O número de pessoas que foram destruídas por uma superproteção que tinha como base o amor é muito grande. Posso castrar uma pessoa, principalmente meu filho, de duas formas: "Não faça. Eu não deixo". E ele não aprende. Se castra. Ou de outra forma, permeada pelo afeto: "Não precisa fazer, meu bem. Eu faço por você". Ele também não aprende. E castra até a agressividade, porque ninguém pode ter raiva de alguém que é tão bom.

Myra y Lopes, em seu livro *Os quatro gigantes da alma*, propõe que existem no ser humano quatro instintos básicos, que são os que precisam fundamentalmente ser requalificados: medo, agressividade, sexualidade e afetividade.

Eu me preparo para enfrentar as dificuldades

O medo é um dos instintos considerados maus, de segunda classe, que a gente tenta reprimir o tempo todo, vivendo como se ele não existisse. Só que, como todo instinto reprimido – fera dentro da jaula –, ele informa nosso comportamento. Muitas pessoas têm sede de poder, e você descobre que na verdade isso é medo. A gente tem insegurança e descobre que insegurança é o nome elegante do medo. Assumimos um papel e deixamos outros de lado e acabamos descobrindo que deixamos os outros papéis de lado porque temos medo. Frequentemente, por exemplo, nos atiramos num excesso de trabalho, sem perceber que estamos fugindo de uma agradável e assustadora possibilidade de realização afetiva. Então, em vez de fingir que o medo não existe, é melhor ouvi-lo e saber para que ele serve.

O medo tem fundamentalmente três funções: é preparatório, é pedagógico e é estimulante. Preparatório porque ele prepara o corpo para uma reação que vem a seguir. Estou parado e de repente ouço um barulho lá fora. Isso me assusta. Sinto que meu corpo se carrega de uma carga de energia. O representante psíquico, a emoção que vou sentir, chama-se medo.

Na hora em que levo o susto, o meu diencéfalo manda uma ordem para a minha suprarrenal, e ela joga no sangue um hormônio chamado adrenalina. Qual é a função da adrenalina? Preparar o organismo para uma reação – de enfrentamento ou de fuga. A adrenalina permite que muito sangue de boa qualidade se dirija aos locais onde ele é necessário (os músculos) e retira essa mesma quantidade de sangue de outras regiões. Há uma dilatação das artérias dos músculos e, ao mesmo tempo, uma contração das artérias das vísceras, da pele e do cérebro. Isso acontece porque não vou precisar de sangue no intestino, no estômago ou na pele, mas, sim, nos músculos – para lutar ou fugir. O coração começa a bater rapidamente para o sangue correr depressa, e eu tenho taquicardia. O sangue também precisa ser bem oxigenado. Então, começo a respirar rapidamente para oxigená-lo. Para respirar rapidamente, paro de inspirar pelo diafragma e começo a respirar com os intercostais: fico com taquipneia. O baço se contrai e joga glóbulos sanguíneos na corrente sanguínea. O pâncreas libera insulina, e o fígado produz glicose. A insulina vai queimar a glicose nos músculos. Existe ainda uma dilatação da pupila. Todos os pelos do meu corpo ficam eriçados, e há uma contração das glândulas sudoríparas, provocando um cheiro característico. Em casos extremos, ocorre um relaxamento do esfíncter, e a pessoa elimina fezes e urina para assustar o adversário. Tudo isso acontece no organismo cada vez que você tem medo. Ou seja: o animal está preparado para enfrentar a situação de perigo que apareceu. Vai lutar ou fugir. É o instante em que deve atuar a agressividade. A agressividade é um impulso que tira o animal do imobilismo. Se eu não usar a minha agressividade, vou ficar paralisado de medo.

Quem não tem medo é irresponsável e inconsequente. O medo é uma reação normal e animal. Coragem é ter medo e enfrentar a situação. Quando o animal fica paralisado, o medo prepara-o para ver o tamanho da encrenca. Se a encrenca for igual ou inferior às suas forças, ele ataca. Se for maior, ele foge. Fugir é uma reação agressiva. O homem é o único animal que continua paralisado, não se move e, quando não se move, o medo fica constante, passando a ser um informante que não o deixa mais reagir.

João, por exemplo, diz que tem medo de autoridade. Havia na história de vida dele uma autoridade que, cronicamente, lhe causava muito medo. Hoje, quando ele entra em contato com qualquer autoridade, fica imobilizado, exatamente como ficava na infância. Quem foi criado por um pai carinhoso, não autoritário, que era próximo do filho, acaba tendo coragem. Ou seja: a coragem que a pessoa tem, a capacidade de enfrentar as dificuldades, depende do capital afetivo que ela recebeu lá atrás, na infância, especialmente por meio da figura paterna.

Os limites impostos pelo medo

A segunda função do medo é ser pedagógico, porque nos leva a respeitar o limite do outro. Se não existisse medo, não haveria possibilidade de convivência comunitária e não haveria respeito pelos limites do outro. Vou dar um exemplo: um grupo tomou o poder no Brasil e se considerou acima do bem e do mal. O resultado foi a maior corrupção que já aconteceu na nossa história. Com o ressurgimento da liberdade de imprensa e com o Poder Judiciário em pleno funcionamento, restabeleceu-se o medo que leva ao respeito à lei. O que é impunidade? É não ter medo. Não tem medo, não tem limite.

As consequências disso na vida da gente são muito claras. No relacionamento, o medo é muito importante porque, se eu invadir o limite do outro, vai haver uma sanção. Filho, por exemplo, ao contrário do que muita gente acredita, precisa ter medo. Precisa ter noção de limite. Precisa sentir e saber que a infração às normas tem consequências. Não se propõe uma educação de pessoas submissas, que jamais afrontem as regras propostas. Mas também não se propõe uma geração que pense que pode afrontar as normas sem nenhuma consequência. Devemos ser responsáveis por nossos atos. E o medo das consequências desses atos é pedagógico. Poderíamos levantar a dúvida: até que ponto a inconsequência social, que é tão destrutiva para nossa Pátria, não tem sua origem numa geração que não conheceu limites em casa, que não sentiu medo?

O tédio da vida sem desafios

A terceira função do medo é ser estimulante. Um dia, fui ao Playcenter com os meus filhos, e o mais velho quis brincar naquela roda que gira, gira, você fica grudado na parede e depois a roda começa a girar na vertical. Entramos na fila, aquela agitação, e o menino, assustado, me perguntou: "Você está com medo, pai?". Eu disse que não, ele quis saber por quê, e eu respondi: "Porque a força centrífuga é maior que a força da gravidade, e eu vou grudar na parede". Então meu filho observou: "Pô, pai, se você me desse um pouco da sua tranquilidade e eu

desse um pouco do meu medo, você ia se divertir muito mais".
É isso: sem o estímulo que o medo dá, a vida perde a graça.

Um outro exemplo é o do técnico de atletismo que queria descobrir por que alguns atletas de ponta erravam o tiro de partida e perdiam a prova, ou então ganhavam a prova mas não batiam o recorde. Ele aplicou então testes para medir a relação entre o desafio e a habilidade do indivíduo. E chegou à seguinte conclusão: se o indivíduo tiver um grande desafio e pouca habilidade, ele entra em estado de ansiedade.

O que é ter um grande desafio e pouca habilidade? É o caso do indivíduo que é tão bom médico que o colocam para ser diretor do hospital. Mas ele não tem a mínima competência para dirigir pessoas, ele só é bom médico. Quando é colocado no seu ponto de incompetência, ele entra em estado de ansiedade porque tem um desafio maior que a sua habilidade. Ou o caso do indivíduo que é competente, mas não tem equipe nem infraestrutura. Ou tem tudo isso, mas o prazo para a execução da tarefa é insuficiente. O resultado será uma grande ansiedade. E a continuação de uma situação como essa se chama estresse.

Em compensação, se você tiver uma enorme habilidade e um desafio menor, você cai no desinteresse. É o caso do indivíduo subaproveitado. E existe uma faixa, chamada "faixa de fluir", na qual há o mesmo nível de habilidade e desafio. Nesse caso, você trabalha com prazer. Mas, se você aumenta a sua habilidade, tem de aumentar o desafio, senão cai no desinteresse.

Esta é a função estimulante do medo: o desafio. O pôquer é um jogo altamente estimulante no qual você pode usar a inteligência. Já imaginou jogar pôquer olhando as cartas dos adversários? Você ganharia todas as partidas, mas não iria mais querer jogar. O jogo ficaria chato. O gostoso no jogo de pôquer é a possibilidade de perder. O medo é que faz o jogo ser interessante.

Alguns anos atrás, eu vi na televisão um filme muito bom. Era sobre um assaltante que durante o assalto levava uns tiros e morria. Quando acordava, a seu lado estava um senhor muito bem-vestido que o informava de sua morte. O assaltante entrava em pânico, mas era obrigado a acompanhar o homem. Eles chegavam, então, a um castelo muito bonito. O assaltante nunca tinha visto nada assim. No castelo havia comida e bebida à vontade e mesas de jogos. Tudo se recompunha. Ele se servia de um vinho maravilhoso, e a garrafa ficava cheia novamente. Adorava jogar sinuca. Nunca mais errou uma bola. Ele achava estranho, mas, como era malandro, ficava quieto. Passou lá uma temporada, curtiu muito, mas depois de um tempo começou a se sentir sozinho e chateado. Então, o senhor elegante apareceu de novo e perguntou:

– Você está sentindo falta de companhia?

O assaltante confirmou. Na mesma hora apareceram cinco mulheres muito bonitas. Ele perguntou:

– Posso escolher?

– Pode ficar com as cinco.

As mulheres eram absolutamente fantásticas. Satisfaziam todos os seus desejos. Nenhuma frustração. Mas o tempo passava e ele se sentiu entediado outra vez. E pediu ao seu protetor:

– Gostaria de voltar à Terra pelo menos por um dia.

– Para fazer o quê?

– A única coisa que sei e gosto de fazer: assaltar um banco.

O homem concordou, e ele voltou à Terra. Dirigiu-se a um banco. Puxou o revólver, e o segurança puxou o chapéu e o cumprimentou. Dirigiu-se ao caixa, que o aguardava com uma maleta recheada de dinheiro. Ele nem pegou. Saiu do banco e encontrou seu protetor.

– Sabe, eu tive uma vida desgraçada, fui um bandido, quero ir para o inferno.

E o homem elegante responde:

– E onde pocê pensa que está? Você está no inferno. Inferno é um lugar onde não existem riscos.

Se você consegue montar uma vida sem riscos, você montou um inferno, porque só há desinteresse, tédio, depressão. É uma vida na qual não há desafios a vencer. Por outro lado, se você montar uma vida de riscos, que o paralisa, você entra em estresse. O que a gente tem de fazer é conseguir que o desafio seja correspondente à nossa capacidade. Se aumentou a capacidade, tem de aumentar o desafio. Aí a vida fica apaixonante.

O medo é o sal da vida. Mas nós vivemos numa cultura que ensina que devemos ser muito prudentes. Então, montamos uma vida em que não há medo. Resultado: fica tudo um tédio, e a gente sai em busca do medo. Como? Jogando pôquer, indo ao cinema para assistir a filmes de terror, ao circo para ver se o trapezista cai, à tourada para torcer pelo touro, à corrida para ver se acontece um acidente.

Existe essa relação desafio-habilidade também nos relacionamentos afetivos. O namoro, período de conquistas, corresponde a grande desafio e pouca habilidade. O medo da perda, a preocupação e os cuidados com o outro, a taquicardia nos encontros, tudo altamente excitante.

Após algum tempo de casamento, estamos no extremo oposto do gráfico: muita habilidade e pouco desafio. Desinteresse. Tédio. Nenhuma emoção acompanha os encontros. Rotina? Não. Ausência de medo. A "faixa do fluir" é desejável. É viável. Manter viva a chama do amor. Função do medo.

Serei sempre estimulante para o outro se isso for sempre um desafio. Se permanecer o medo de perder, que estimula cuidados, atenções, taquicardias.

Se o outro também for para mim alguém que eu posso perder, teremos encontrado a fórmula da conservação do amor. Função do medo. A entrega total, sem limites, sem riscos, leva ao desinteresse. O medo é o sal da vida.

Aprender a dizer não

Como o medo, a agressividade é um impulso desqualificado na nossa sociedade. Mas a agressividade é tão boa quanto o afeto. É ela que mobiliza o animal paralisado pelo medo. Se estou paralisado, preciso reagir, atuar agressivamente. O que a gente não pode fazer é confundir agressividade com violência. Violência não é excesso de agressividade, é a falta de uso dela. Quanto mais na periferia do meu campo vital eu coloco o limite – e essa é a função da agressividade: colocar limites –, mais socialmente eu o faço.

O ato mais agressivo que um ser humano adulto pode cometer é dizer não quando este não deve ser dito. Quando eu digo não, estou colocando meu limite. O canto do pássaro é um canto agressivo. Ele canta para dizer para os machos da mesma espécie qual é o limite do seu território. Quanto mais perto do meu núcleo vital eu coloco o limite, menos socialmente eu posso fazê-lo. Atingido o meu núcleo vital, eu coloco o limite com violência. Por isso consideramos que a violência existe quando o indivíduo não pode ou não sabe usar a agressividade. Ele se torna violento quando está esmagado. Aí dá um soco na parede; é uma carga de agressividade que não tem tamanho, porque ele está sem espaço para dialogar, e aquela carga não pode ficar dentro do organismo. Ele ia dar um soco no outro, mas dá um soco na parede e descarrega a agressividade.

A gente se torna violento quando não usa a agressividade em duas situações: por razões internas ou por razões externas. Razões internas: eu cresci sabendo que não posso usar a agressividade porque ela é feia, pecaminosa. Na hora em que sinto um impulso agressivo, aquele juiz dentro da minha cabeça me condena. Mas posso ser violento por razões externas. Foi o que ocorreu durante o Apartheid na África do Sul, quando uma minoria procurou tirar os direitos de uma maioria, que não podia sequer se manifestar. Num determinado momento, aquilo desencadearia uma onda de violência absolutamente assustadora. Que diria um psiquiatra sul-africano comentando sobre o Brasil?

Outra coisa que é importante saber sobre a agressividade é que ela é atuação, e não discurso. Imagine um barco que está prestes a cair numa cachoeira. Dentro do barco, há três tipos de pessoas. O tipo passivo se deixa levar, destruir. O agressivo pega o leme do barco e muda o rumo. E o malcriado fica em pé no barco, xingando. Quer dizer, o malcriado é um passivo que faz barulho. Quando o indivíduo fala muito, coloca muita agressividade para fora pelo ladrão, está desperdiçando energia agressiva que seria extremamente produtiva, se bem utilizada. Agressividade é atuação, não discurso. É ela que mobiliza o animal. Quando vemos o desequilíbrio em uma pessoa que está com muito medo, imobilizada, o impulso a ser trabalhado é o impulso agressivo, para que ele adquira espaço. O medo e a agressividade, então, se equilibram. Se não existisse o medo, o homem seria irresponsável e inconsequente. Se não existisse a agressividade, o homem seria um animal paralisado.

Requalificar o impulso agressivo significa rever a qualidade que aprendemos que esse impulso tem. Significa aprender a colocar limites em nosso território, aprender a dizer não. Isso é fundamental para a saúde emocional, para poder viver bem. Se tenho uma educação que desqualifica a agressividade, não coloco limites e me deixo invadir. A invasão às vezes não é violenta. É uma laçada, um ataque pequeno à minha individualidade, numa coisa que parece não valer uma briga. Mas, quando eu acordo, estou todo amarrado por esses pequenos laços, sem espaço para viver, como Gulliver, em *As viagens de Gulliver*.

Afeto sem agressividade é corrupção

A agressividade pode ser também um movimento afetivo. Todo mundo diz que só o amor constrói. Não acredito nisso. Vou contar uma história verdadeira que ocorreu comigo: quando estava no terceiro ano da faculdade, eu dava plantão no pronto-socorro e apareceu lá um cidadão com um antraz nas costas. É um furúnculo septado, cheio de lojas, que não drena como os outros. Coloquei o homem deitado e comecei a fazer compressas. O homem gemia de dor. Graças a Deus, chegou o médico residente, que era mais experiente do que eu. Ele amarrou as duas mãos e os dois pés do cara, pegou o bisturi, cortou e, com uma tesoura, abriu todas as lojas do furúnculo. O paciente gritava de dor. Mas aquele, na verdade, era o único jeito de acabar com o furúnculo. Ele precisava ser drenado. E essa manobra se faz sem anestesia local, que seria totalmente ineficiente. Depois de uns minutos, o residente acabou o curativo, e a dor do homem passou totalmente. Curativo, antibiótico, e ele começou a se desculpar pelos gritos e agradecer ao médico. E eu aprendi uma profunda lição sobre o amor: o que eu estava fazendo não era amor, era corrupção. Eu estava mantendo afetivamente a dor do outro. O que o médico fez foi amor: ele curou o cara, fez a única coisa que poderia ser feita. Doeu pra burro, mas era o que tinha de ser feito.

A agressividade complementa o medo, a agressividade complementa o afeto. Se eu tentar usar afeto sem agressividade, eu corrompo. A mãe que não coloca limites para o filho cria um ditador "por amor". Colocar limites é uma atuação afetiva.

Algum tempo atrás, eu inventei um aparelho, o forçômetro, para ilustrar isso. Peço a duas pessoas que fiquem em pé, uma de frente para a outra. Uma deve empurrar, usando as mãos apoiadas nos ombros da outra. A pessoa que é empurrada resiste, põe limites. Depois, quem empurrou deve repetir a tentativa com uma terceira pessoa. Esta não resiste e se deixa empurrar para trás. Quem ajudou mais? A que resistiu deu à que empurrou uma noção mais precisa da força que a outra tinha – até onde ela podia ir. A que não resistiu foi apenas afetiva. E corrompeu, dando a quem empurrou a falsa sensação de que é muito mais forte do que é na verdade.

Ser agressivo é colocar limites. Se coloco limites, estou amando o outro, dando os contornos da força dele. Se não coloco limites, estou destruindo o outro, embora pareça mais agradável, mais afetivo.

Se coloco limites, tenho espaço para viver. Se me deixo invadir, começo a sentir os impulsos da implosão dessa carga energética: ressentimento, mágoa, depressão.

Sexualidade – o moderno e o colonial juntos

O impulso sexual sofreu uma mudança enorme na sua qualificação. A psicanálise e a psicologia fizeram um grande trabalho para a requalificação da sexualidade. A impressão que se tem é que toda a mudança que houve em relação ao assunto se deve à psicanálise. Ela, na verdade, desencadeou, colaborou, mas não é a única causa da mudança.

O segundo fator que fez com que se mudasse a visão sobre a sexualidade foram os meios de comunicação. Fala-se tanto em sexo na televisão, que todo mundo pensa que foi ela que deu a grande virada em relação ao assunto. A televisão colaborou também, mas a grande transformação veio da industrialização, que introduziu um dado que ninguém leva em conta: antes da máquina, o animal necessário para o trabalho era o animal forte. O trabalho, portanto, era o campo do homem. Quando surgiu a máquina, o animal não precisava mais ser forte, precisava ser inteligente e hábil. Ser forte deixou de ser um divisor de águas, e como homens e mulheres são igualmente inteligentes e hábeis, a mulher pôde entrar maciçamente no mercado de trabalho.

Ao lado disso, a Segunda Guerra Mundial foi decidida não pela força dos exércitos, mas pela continuidade da atividade industrial dos países envolvidos no conflito. Para que a atividade industrial tivesse continuidade, era preciso haver trabalhadores. Os homens jovens tinham ido para o campo de batalha. As mulheres, então, foram trabalhar nas fábricas. Resultado: a mulher começou a ganhar dinheiro e a prover a sua manutenção. Manutenção vem do latim *manutenere*, que quer dizer ter na mão. Quando a mulher não tinha acesso ao mercado de trabalho, ela era mantida, quer dizer, estava na mão do homem e se submetia a ele. Na hora em que teve acesso ao mercado de trabalho, ela pôde se manter, não precisava mais ser submissa. Isso foi um tiro na sociedade patriarcal.

Pouco depois; descobriu-se a pílula anticoncepcional, que possibilitou a relação sexual sem risco de gravidez. Começou, então, a haver uma maior liberdade sexual. E o sexo começou a virar um instinto de primeira classe.

Mas eu vou contar mais uma historinha: uma vez, fui fazer uma palestra numa cidade do interior, no Nordeste. A palestra era num cinema da cidade. A entrada do cinema era moderna, bonita. Quando entramos no salão, vi que lá dentro a arquitetura era colonial. Mais que um erro do arquiteto, achei que fosse uma homenagem à mulher e ao homem brasileiros, que têm uma sala de espera moderna e um interior colonial.

A mudança sexual aconteceu no plano consciente. No plano inconsciente, as transformações ainda estão ocorrendo.

Toda a liberação que vimos até agora é uma liberação de sala de espera. A liberação inconsciente está se fazendo gradativamente.

Há trinta anos, a repressão sexual da mulher era enorme. As mulheres iam fazer terapia porque não sentiam prazer. Hoje é raro acontecer isso. O homem também pagou o preço da falta de prazer. Foi educado para dicotomizar sexo e afeto. A educação sexual masculina era feita com prostitutas. Então, ele começava a se relacionar sexualmente com alguém que não podia amar e, ao mesmo tempo, amava alguém com quem não podia ter vida sexual. Isso levou a uma enorme dificuldade de se relacionar sexualmente com a mulher amada. A história que mais se ouvia nas terapias era que a atração sexual era enorme. Benziam as alianças, e a vida sexual ia para o brejo. Por quê? Porque a cultura reprimia a mulher, dicotomizava o homem e, depois, como se nada tivesse acontecido, juntava esses dois coitados numa coisa chamada lua de mel.

Está mudando? Está, mas está mudando gradativamente. Todo mundo, no entanto, tem a impressão de que mudou, de que as pessoas são muito liberadas, mas não é bem assim. As pessoas – homens e mulheres – são liberadas apenas na sala de espera, não no seu interior colonial. E não adianta tentarmos mudar o comportamento se não tivermos coragem de olhar para dentro, para esse interior colonial.

Paixão mobiliza, mas não constrói

Nossa civilização vive um equívoco cultural segundo o qual as pessoas que se amam são pessoas apaixonadas. Precisamos desfazer esse equívoco. Ele alimenta o ego idealizado da maioria das pessoas, e é um fator importante no fracasso dos casamentos. Paixão e amor não são sequer parentes. Para definir paixão, gosto de contar a história de um casal que conheci na faculdade de Medicina. Durante o curso, eles namoravam, mas, depois que terminaram o curso, eles se separaram. Ela foi trabalhar no interior, e ele, em São Paulo. Não se viram durante quinze anos. Um dia, os dois se encontraram num congresso e pintou de novo uma paixão avassaladora. Mas eles eram casados, e tanto ela quanto ele não queriam desmontar suas vidas. Estavam os dois num conflito. Telefonaram para mim, meio envergonhados, dizendo que queriam conversar. Conversamos, conversamos. Finalmente, ele me fez uma pergunta: "Paulo, como é que faz para acabar com esta paixão?" E eu respondi: "Só casando. Não conheço outro meio para acabar com a paixão que não seja o casamento".

Por quê? Porque a paixão é garantida pela impossibilidade. Uma vez tornada possível, a paixão acaba, e é natural da paixão que acabe.

Tristão e Isolda, que foi a primeira grande obra de ficção sobre paixão, mostra bem isso. A história é a seguinte: Tristão tinha esse nome porque era muito triste. Sua mãe, viúva, morreu no parto, e o menino foi criado por um tio que era o rei da Cornualha. Esse tio, solteiro, adorava Tristão, por isso não queria casar nem ter descendentes que pudessem ameaçar a possibilidade de Tristão ser o novo rei. E Tristão tinha tudo para ocupar o trono: era bom, justo, simpático, inteligente. Um dia, Tristão foi a uma cidade próxima onde havia um monstro que exigia como sacrifício a vida de rapazes e moças. Com isso, a cidade não crescia. Como era muito corajoso, Tristão resolveu enfrentar o monstro e o matou. Mas recebeu um ferimento de espada que não tinha cura. Resolveu, então, pegar um barco e ir morrer numa praia distante. Seu barco, porém, chegou até a Escócia. Tristão tinha levado sua harpa. Seu canto era tão bonito que os pescadores o levaram diretamente para a corte. Para sua sorte, a rainha da Escócia era uma feiticeira que, ajudada por sua filha Isolda, o curou. Quando Tristão se viu curado, voltou para a Cornualha. Lá, foi recebido como herói.

Mas a corte tinha inveja de Tristão, e resolveu que o rei deveria se casar, para ter um filho que ocupasse o trono. Um dia, um passarinho estava voando com um fio de cabelo no bico e deixou cair o cabelo no colo do rei. O rei se apaixonou por aquele fio de cabelo. Resolveu que se casaria com a dona do cabelo. Tristão imediatamente reconheceu o cabelo: era de Isolda. Então, foi buscar a moça para se casar com o rei.

Na Escócia, depois de muitas conversas, conseguiu convencer os pais de Isolda a aprovar o casamento da moça com seu tio. Mas não convenceu Isolda. Ela não conhecia o rei, portanto, poderia não gostar dele. Como a mãe de Isolda era feiticeira, fez uma poção, chamada poção do amor, para que Isolda tomasse na noite de núpcias. E Isolda partiu para a Cornualha no navio de Tristão.

Acontece que havia no navio uma pajem que serviu a poção do amor para os dois. Tristão e Isolda então se apaixonaram e se tornaram amantes. A viagem foi um paraíso, só que quando Tristão chegou à corte tinha de entregar, para o rei que ele amava tanto, uma esposa que já era sua amante. Mesmo assim, não teve dúvida: entregou Isolda ao rei, eles se casaram, e Tristão continuou sendo amante de Isolda. Mas a corte acabou descobrindo, e, depois de muitas peripécias, o rei, um dia, pegou Isolda e Tristão na cama. Tristão foi condenado à morte, e Isolda recebeu como castigo viver num leprosário. Os dois conseguiram fugir e se esconderam numa floresta. Lá, ficaram dois anos, no fim dos quais o efeito da poção do amor acabou. Tristão e Isolda, então, se desapaixonaram. Ele começou a ter saudades do tio, e ela, saudades da corte.

Um dia, o tio os descobriu. Mas quando viu os amantes dormindo com uma espada entre eles achou que aquilo era a prova da fidelidade de Tristão. O herói foi, então, perdoado e voltou para a corte. Não é um lindo fim? Seria, porque a história não acaba aí.

Tristão e Isolda voltaram para a corte e – incrível – se apaixonaram de novo. Já não era a poção do amor que estava fazendo efeito, mas a impossibilidade de ficarem juntos. Mas as coisas ficaram tão complicadas que Tristão acabou fugindo e conheceu uma mulher, com quem se casou, Isolda das Mãos Brancas. Contudo, nunca conseguiu amá-la. Já no fim da vida, ele contou para o cunhado que ainda amava Isolda. Esta, então, toma um navio para encontrar Tristão. Ele sabia que, se o navio tivesse velas brancas, Isolda estaria nele. Se, ao contrário, tivesse velas pretas, Isolda não teria vindo. Então, na praia, ele perguntou a Isolda das Mãos Brancas de que cor eram as velas do navio, e, quando soube que eram pretas, morreu. Isolda chegou no dia seguinte e também morreu ao saber que seu amado estava morto.

A história é essa. Mas o fundamental é que, quando eles estavam na corte e não podiam se amar, eles morriam de paixão; quando estavam na floresta e podiam, não se amavam mais. A paixão é sempre o amor proibido.

Romeu e Julieta é a mesma coisa: os dois se adoravam, mas jamais ficavam juntos. Imagine Julieta com cinquenta anos, comendo pizza na Piazza Navona, e Romeu interessadíssimo em ver as ninfetas que circulam por ali. Não existe lugar para a paixão no casamento; existe lugar para a paixão no adultério enquanto adultério, porque, se você rompe o casamento para ficar com o objeto do adultério, a paixão também acaba.

O cachorro faminto

Na paixão, as emoções são sentidas com a mais forte intensidade que pode existir. Os junguianos dizem que a paixão existe quando o homem não consegue entrar em contato com a sua *anima*, a sua parte feminina. Ou quando a mulher não consegue entrar em contato com seu *animus*, com a sua parte masculina. Se não consigo entrar em contato com a minha *anima*, coloco essa *anima* numa mulher e me apaixono pela minha *anima* nela. A paixão, portanto, é produto de uma projeção. Quando tenho a posse do objeto da paixão, vejo que ela não é minha *anima*, ela é ela, e a paixão acaba. Imaturamente, posso viver correndo de paixão em paixão porque não tenho a possibilidade de entrar em contato comigo.

O amor, por sua vez, acontece quando tenho contato com a minha *anima*, quando sou inteiro e amo uma pessoa inteira, fora de mim. Eu a amo como ela é, ela me dá alegria, estar na companhia dela é agradável, ela me estimula a conquistar coisas, ela faz com que todo o meu trabalho seja muito bom, e eu mostro meu boletim a ela e ela diz: "Que lindo". Isso é amor. Ilumina todas as coisas e ensina as tochas a brilhar.

Na paixão, todos os impulsos são vividos com máxima intensidade, é uma explosão de impulsos, é o máximo de amor, de ódio, de ciúme. Mas a paixão vive da impossibilidade. Acabou a impossibilidade, acabou a paixão. O erro é colocar a paixão no ego idealizado, porque quem deve estar no ego idealizado é o amor. A paixão mobiliza, mas o que mantém é o amor.

Há uma imagem de paixão que eu acho muito interessante. É um pesquisador que queria saber o que aconteceria com um cachorro faminto preso numa jaula.

O pesquisador colocou o cachorro com fome dentro da jaula, deixou a porta da jaula aberta, pegou um pedaço de carne e colocou fora da jaula. O cachorro viu a carne, viu a porta aberta, saiu da jaula, pegou a carne e comeu. Aí, o pesquisador pegou a carne, colocou bem perto da jaula, mas a uma distância que o cachorro não podia alcançar. Colocou, então, o cachorro dentro da jaula. O que aconteceu? O cachorro ficou grudado na grade, olhando para a carne sem ver a porta, desesperado de fome. Não conseguia ver uma maneira de pegar a carne. Entre a carne e a fome, estabeleceu-se uma coisa chamada campo tenso. Essa é uma ótima definição para o que a gente chama de ideia fixa e de paixão. O objeto do desejo precisa estar próximo, ser muito desejado, mas inatingível. Atingiu, matou a fome.

Quando você está apaixonado, você vive todos os minutos cegamente. Então está errado se apaixonar? Não, quem não se apaixona está morto. O que está errado é colocar a paixão no ego idealizado. O homem ocidental acredita que a vida só vale a pena se ele estiver sempre apaixonado. Mas, como a paixão acaba, ele passa a vida atrás de uma nova paixão. E não vai construir nada, porque a paixão mobiliza, mas não constrói.

Papel flexível: uma saída

Acessar o inconsciente e requalificar os impulsos são as saídas que a terapia oferece para que a gente se conheça melhor. Mas nem todo mundo pode ou precisa fazer psicoterapia. A humanidade tem seis mil e tantos anos de vida, e Freud escreveu sobre o inconsciente há cerca de cem anos. E todo mundo sobreviveu.

Há, portanto, maneiras de viver bem sem precisar fazer terapia, sem ter acesso aos conflitos inconscientes que nos confundem tanto. Como? Desenvolvendo alguns mecanismos normais que a vida nos dá. Um desses mecanismos, de grande importância, é o chamado uso dos papéis.

A definição de papel é complicada: papel é um espaço de atuação que permite que o impulso se realize com o consentimento das censuras consciente (a nossa consciência moral) e inconsciente (o superego).

O que significa isso? Significa que todos os impulsos humanos – a sexualidade, a agressividade, a inveja, o ciúme, o medo –, quando se enchem de energia e entram em ação, encontram pela frente uma censura. Essa censura pode ser consciente ou inconsciente. Mas, em um determinado espaço, o impulso pode existir, porque tanto a consciência moral quanto o superego dizem que aí pode. Esse espaço é o papel.

Vamos dar um exemplo: estou roendo meu osso profissional, chega um colega qualquer e tenta pegá-lo. Eu fico com raiva. Se meu papel profissional for flexível, a raiva encontra espaço. Se for um papel rígido, a raiva não cabe. Acontece que a agressividade é uma carga de energia. Quando a gente fica com raiva, se desequilibra. Se a raiva não tem espaço no papel, ela não fica no organismo, ela sai. Então, nós temos uma carga de raiva sem tamanho, mas ao mesmo tempo temos um papel rígido que não dá espaço para que ela se expresse. O que fazemos? Damos um soco na parede, ou temos uma dor de cabeça ou uma gastrite, isto é, fazemos a raiva sair de outro jeito. Conclusão: um escape patológico de energia fora do papel. Como fazer então para viver bem? Ou a gente faz psicoterapia para entender qual é a condenação inconsciente, ou vive com papéis flexíveis.

Agora, um exemplo contrário: o de um impulso que cabe no papel. Eu tenho um amigo: um cara bonito, simpático, afetivo, agradável. Pois esse cidadão, de vez em quando, durante o jantar, é chamado por um bip. Ele levanta, atende, sai e vai cortar fora o pé de alguém. Volta mais tarde e continua jantando. Ele é cirurgião. Imagine a violência que é pegar uma serra e arrancar o pé do outro. Só que, no papel de cirurgião, essa violência não só é normal como também é necessária e remunerada – ele ganha dinheiro para fazer isso, ganha status e gratidão porque salvou a vida de alguém. Agora, imagine se ele resolvesse cortar o pé de alguém fora do papel de cirurgião. Se um dia, numa briga, ele ficar muito bravo e cutucar alguém com uma faca, por exemplo, ele vai sentir uma culpa que não tem tamanho.

Então, em um papel rígido, cabe pouco impulso. Em um papel flexível, cabe muito impulso. A saída, portanto, é tornar os papéis flexíveis, todos eles: papel de mãe, de filho, de amigo, afetivo, sexual, profissional.

Quando eu me sustento na imagem

Mas nem só de papéis vive o homem. Quando me apresento socialmente, quem aparece diante dos outros é meu ego idealizado, ou seja, eu me apresento como eu me cobro ser. Isso é imagem. Quando aquela mãezinha que ama o filho de paixão se apresenta para os outros, ela se apresenta como uma mãezinha que só sente amor, exatamente como ela se cobra ser.

Isso vai dar direito, a quem está fora, de cobrar que ela seja o que ela diz que é. Então, um dia, ela dá um beliscão no filho e o marido fica bravo, porque ela sempre se apresentou desse jeito, como uma mãe que só sente amor pelo filho.

Temos todos, portanto, um monobloco formado pelo ego idealizado, pela censura que não corresponde a ele, a imagem que se vendeu, e pelo meio, que tem o direito de cobrar. Esse monobloco é que controla o impulso.

77

Mas, se o ego idealizado for razoável, a imagem também será razoável e o papel será flexível, porque haverá pouca censura de impulso. Se, no entanto, eu tenho um ego idealizado muito alto, a minha imagem vai ser muito alta e vai haver muita censura, porque há muita expectativa, o papel vai ser rígido. A minha coluna vertebral pode estar no papel ou na imagem, ou seja, eu posso me sustentar no meu papel ou na minha imagem. Se o meu ego idealizado é muito alto, isto é, se eu tenho uma enorme expectativa a meu respeito, enfraqueço o meu papel, e a minha imagem fica sendo a minha espinha dorsal. Se, ao contrário, o meu ego idealizado é razoável, eu uso a minha imagem, meu papel se torna flexível, e a minha espinha dorsal está no papel.

A imagem é sempre uma grande preocupação do indivíduo, e é até justo que seja assim, porque é através da imagem que ele se apresenta aos outros. O problema é quando ele se sustenta em cima da imagem, e não do papel. Aí, ele vira minhoca. Todo animal tem um aparelho próprio de sustentação física. A ameba tem uma película, o ser humano tem a coluna vertebral. Mas tinha de haver um animal que fosse exceção. É a minhoca. Ela tem um aparelho de sustentação próprio que é menor do que as suas necessidades. Então, ela dá um jeito: joga-se na lama, seca ao sol e cria um canudo de barro para sua sustentação externa. Ele não pode ser rompido. Rompeu, ela morre. Isso, para mim, é a imagem da imagem. Quem tem papel flexível, se segura no papel e usa a imagem. Quem tem papel rígido, como essa minhoca, se segura na aparência do papel – na imagem. E é usado por ela.

Se a minha coluna vertebral está no meu status, no meu dinheiro, na casa que eu tenho, isso é a minha sustentação. Se perco isso, perco tudo. Se desempenhar a imagem passa a ser fundamental, você está perdido.

Um exemplo típico é aquele grande profissional, que tem uma escrivaninha grande, uma secretária competentíssima, um carro do ano e confiança no seu papel profissional. Aí ele é mandado embora. Vai sofrer, vai passar mal até achar outra colocação, mas sai dessa crise numa boa. Agora, pegue um executivo que não tem confiança no seu papel profissional e alimenta a expectativa enorme a respeito de si próprio. Ele também tem uma escrivaninha grande, uma secretária competentíssima, um carro do ano. Um dia, ele é mandado embora e entra em depressão. Não consegue procurar outro emprego, porque estava apoiado na imagem. Era a imagem que ele tinha da escrivaninha, da secretária e do carro que o fazia ser alguém. A imagem é fachada; o papel é conteúdo. Quanto mais fachada, menos conteúdo. Quanto mais conteúdo, menos fachada.

Conclusão: flexibilizar os papéis – todos eles – e não me apoiar na imagem – porque ela é fachada – permite que eu viva melhor, seja mais inteiro.

O relacionamento simbiótico

A maior parte das pessoas passa a vida toda sem conhecer as leis secretas que existem em seu inconsciente. Um grande número também não consegue flexibilizar seus papéis e não resiste à tentação de se apoiar na imagem. Essa pessoa que tem conflitos conscientes e inconscientes desconhecidos por ela chega à vida adulta e conhece um outro ser humano também cheio de conflitos. E eles se apaixonam.

Vamos supor que o ser humano homem, em função de seu temperamento e de um processo educacional determinado, tenha se transformado em alguém que é mais impulso que norma. O outro ser humano, uma mulher, pelas mesmas razões de temperamento e educação, transformou-se em alguém que é mais norma do que impulso. Que tipo de relacionamento eles vão ter? Vão montar uma unidade na qual o homem vai ser o impulso do casal, e a mulher, a norma do casal. E os dois se transformam numa pessoa só.

Parece tão bonito que até a Igreja propõe que eles sejam dois em um. Encontrar a outra metade da laranja. Mas o que acontece é uma patologia terrível. Por quê? Porque ele vai encontrar nela um meio de controlar seus impulsos. Ela será seu freio de mão, seu grilo falante. A mulher, por sua vez, vai viver no homem um impulso que ela reprime nela, que ela aprendeu que deve ser condenado. Mas como não pode viver sem o impulso – porque ele é natural –, ela vai vivê-lo no seu parceiro. Como? Suponha que João é um homem cheio de planos, não conhece limites, vive a mil, é irresponsável e inconsequente, uma verdadeira cigarra. João conhece Maria, uma moça responsável, honesta, cumpridora de seus compromissos, uma formiga trabalhadora. Eles se apaixonam. O fato de João ser um acelerador, alguém que vive seus impulsos sem pensar muito, foi o que conquistou o coração de Maria. Ela admira o fato de ele não sentir medo. O fato de Maria ser extremamente responsável foi o que conquistou o coração de João. Ocorre, no entanto, que ambos vão viver no outro o que condenam em si. Por isso, depois do casamento, Maria começa a brigar para que João deixe de ser um acelerador, beba menos, trabalhe um pouco, não estoure com tanta frequência a conta no banco. João briga para que Maria deixe de ser o freio, deixe de ser a estraga-prazeres.

O casamento simbiótico é como encontrar a metade da laranja. É desistir de ser inteiro para virar uma pessoa feita de duas. Um precisa do outro para reequilibrar o seu móbile. O acelerador precisa do freio senão se perde, entra em síndrome de pânico. E o freio precisa do acelerador para que a vida tenha algum sabor, não seja feita só de responsabilidades.

A única saída é trabalhar exatamente aquelas características que você condena em si mesmo e que vê no outro. Nas cigarras, por exemplo, a gente deve trabalhar a norma para que a pessoa aprenda a tomar conta de si. Nas formigas, deve-se trabalhar o impulso.

Sem isso, o que acontece nesse casamento simbiótico? Primeiro, é uma situação profundamente infeliz. A mulher detesta o marido porque ele diz e faz coisas que ela condena. O marido detesta a mulher porque ela é um peso. A tragédia, no entanto, é que eles não podem se separar porque um precisa do outro. A separação é uma dor terrível, parece que cada um perde um pedaço de si mesmo. Uma vez, um paciente definiu isso muito bem. Ele disse que morria de dor por ter perdido uma coisa que ele não queria.

Além de dolorosa, a separação é inútil. Por quê? Porque o cidadão fica dois ou três meses sozinho, e então, começa de novo a correr atrás de outro freio. Ele troca o CIC e o RG da mulher, mas se casa novamente com uma pessoa com as mesmas características.

Na maioria dos casos, em vez de se separar, o casal simbiótico acaba sustentando o seu relacionamento por meio da relação extraconjugal. O casamento fica tão ruim que é preciso arranjar um ladrão para a caixa-d'água não transbordar. A função do amante é manter o casamento. Às vezes, acontece de a paixão pelo outro desestruturar o casamento. Então, a paixão só serviu de motor de arranque. O casamento já estava acabado. Você se apaixona e aí cria coragem para desestruturar o que já estava desestruturado, em vez de ficar mantendo o ladrão da caixa-dágua. Só que aí você enfrenta o objeto da sua paixão, e a paixão vai terminar também, porque o problema fundamental, o seu problema com você, não foi resolvido.

A maior parte das pessoas tem seu desajuste na área pessoal, e não na profissional, porque no campo profissional os limites já estão estabelecidos. Vou trabalhar numa empresa e, quando chego, já existe um procedimento a seguir. Nos relacionamentos familiares, a norma não está escrita; a gente tem de estabelecer a norma através do diálogo, e isso é muito complicado, tão complicado que todo mundo diz que a *happy hour* é para relaxar depois do trabalho. Mentira! O trabalho é que é o repouso do guerreiro. A gente toma um aperitivo depois do expediente para poder enfrentar o dragão que é a vida familiar.

A coisificação do outro

No casamento simbiótico, em vez de amar a outra pessoa, eu a coisifico, não respeitando seu jeito de ser, impondo, criticando, castrando.

Em 1780, um cidadão alemão que era filósofo e se chamava Immanuel Kant, publicou um livro chamado *Crítica da razão prática*. Kant nos diz nesse livro que existem coisas e pessoas. O que diferencia coisa de pessoa é o valor. O valor das coisas é extrínseco a elas, é atribuído a elas. E se chama preço. Posso trocar cinco coisas dessas por uma daquelas – é o preço. Pessoas, da mesma forma, também têm um valor, mas o valor da pessoa não é extrínseco, é intrínseco, faz parte dela, não é atributo. E se chama dignidade.

Coisas têm preço, pessoas têm dignidade. Só que eu posso coisificar uma pessoa. Quando desrespeito a dignidade, transformo a pessoa numa coisa. Ela vira um objeto. Quando é que eu desrespeito a dignidade de uma pessoa? Quando o único critério de julgamento que tenho é o critério de utilidade. Quando uso exclusivamente o critério de utilidade, coisifico uma pessoa. A chamada mulher-objeto é uma pessoa vista, no aspecto sexual, apenas pelo seu critério de utilidade, que teve sua dignidade desrespeitada. Ela virou coisa e adquiriu um preço.

Coisas também não pensam com a própria cabeça. E pessoa coisificada, da mesma forma, vive na menoridade, é sempre menor de idade, nunca chega a pensar com a própria cabeça. É heterônoma, obedece às normas e apenas participa dos empreendimentos, nunca se compromete com eles. Então, quando retiro a dignidade de uma pessoa, vejo-a só pelo critério de utilidade, ela vira uma coisa, adquire um preço, e não raciocina com a própria cabeça, não participa das decisões. Apenas obedece às normas.

Pessoas que não são coisificadas, no entanto, pensam com a própria cabeça. Vivem na maioridade. Não são heterônomas, mas autônomas. Não só participam, também se comprometem. A diferença entre a participação e comprometimento é como no bife a cavalo: a galinha participa, o boi se compromete. A galinha dá o excedente de si, o boi dá a sua essência.

A empresa burocratiza

Vamos ver como é essa história de coisificação numa empresa. Na empresa em que as pessoas são coisificadas, elas não pensam. Essa empresa deve ser absurdamente burocratizada, porque tem um monte de normas que as pessoas vão obedecer, e ela vai ter funcionários que cumprem a sua função. Ou então, eu posso ter uma empresa assim: composta de pessoas que pensam com a própria cabeça e, portanto, participam do processo criativo, assumem as suas funções, vestem a camisa, então não precisa haver muita burocracia.

Posso também ter um país do primeiro tipo ou do segundo. Por exemplo: a Constituição da Inglaterra tem mil anos de idade e doze artigos. A Constituição brasileira tem três anos e mais de trezentos artigos. E está sendo mudada. Por quê? Por que precisa ter tantos artigos assim? Porque não são pessoas, são coisas. Por que precisa haver tão poucos artigos numa Constituição? Porque ela se destina a pessoas que assumem a norma.

Só que, numa empresa, critério de utilidade é competência profissional. A gente tem de escolher, do boy ao diretor, gente competente profissionalmente. Eu não posso escolher uma secretária porque ela é simpática, ou um boy porque é um bom rapaz. Ora, se eu começo a escolher as pessoas pela sua competência, eu caio no critério de utilidade, eu vou coisificar, e a empresa cai no primeiro tipo. Como é que se faz para ter uma empresa do segundo tipo respeitando o critério de utilidade? É sinal de que existe alguma coisa a mais, além do critério de utilidade, que faz com que eu tenha pessoas competentes e mantenha a empresa cheia de pessoas que têm dignidade, maioridade, que são autônomas, que se comprometem. Isso é a visão de modernidade.

Modernidade não é só informatizar a empresa, não é só ter o melhor maquinário do mundo nem os melhores sistemas. Computador todo mundo compra, tecnologia todo mundo tem. Qual vai ser o diferencial? Vai ser o pessoal que trabalha com esse computador, com essa tecnologia. Modernidade é principalmente conseguir que a empresa seja feita de pessoas. Modernidade num país é conseguir que a Constituição possa ter doze artigos. Conseguir que as pessoas tenham sua dignidade respeitada, cheguem à maioridade, sejam autônomas e se comprometam.

A produtividade da empresa na qual as pessoas têm dignidade é sensivelmente maior que a da empresa na qual as pessoas são coisificadas. Numa família, é a mesma coisa. Se é tão mais produtivo ter uma empresa e uma família do segundo tipo, por que as pessoas escolhem o primeiro tipo?

O problema do poder

As pessoas preferem a empresa improdutiva e a família infeliz porque não querem abdicar do poder. E, para conservar o poder, o que é que a gente faz? Pega a pessoa que ama, corta as suas perninhas, para que ela fique paralisada. Mas, como a gente não gosta de mulher sem perninhas, acaba se cansando dela. Porém, se ela quiser adquirir perninhas, a gente não deixa.

Para castrar o outro, posso usar muitas maneiras. A primeira é dizer: "Não vai fazer porque eu não deixo". Como eu não deixo, o outro não aprende. A segunda, bem pior, é quando a gente diz: "Não precisa fazer isso, benzinho, eu faço por você". O outro não aprende, fica castrado, e castra até a agressividade, porque ele não pode ter raiva de quem quer "ajudar". Mas as pessoas fazem uma confusão sobre poder.

Ter poder quer dizer eu posso, e não, eu mando. Se a gente conseguir entender que poder quer dizer eu posso, respeitando que o outro também possa, o relacionamento fica mais gostoso. Mas, como eu tenho medo de que o outro possa, corto as perninhas dele. Então, eu mando e posso tudo, e o outro não pode mais nada. Quem assume esse poder não sente medo nenhum, não tem ansiedade nenhuma, porque o outro está na mão dele. Quando você assume o poder de comando, você diminui a sua ansiedade, porque tem a sensação de que o outro não pode nada porque está na sua mão.

Mas isso, na verdade, é uma ilusão. De repente a pessoa tem todo o poder, manda, o outro não pode nada, mas um dia aquele que não pode nada pega a sua mala, enche de roupa e se manda, porque não aguenta ficar há tanto tempo sem poder, sem possibilidade.

Quem precisa do poder de comando e retira o poder do outro tem medo de que o outro possa viver sem ele. É como a história do galo que todo dia acordava e cantava para o sol nascer. Ele cantava, e o sol nascia. Um dia, o galo acordou atrasado, e o sol já havia nascido. O galo se matou, porque descobriu que o sol não nascia porque ele cantava. Assim é o poderoso: ele tem medo de que o outro viva sem precisar dele.

Quem manda em quem?

Uma vez, um pesquisador que fazia experiências com ratos perdeu a hora e chegou à universidade atrasado. Foi correndo alimentar os ratos. Quando entrou no laboratório, ouviu um ratinho dizendo para o outro: "Condicionei o cara. Cada vez que eu dou a volta no labirinto, ele me dá um queijinho". Se você olha de fora, o dominador que está condicionando o rato é um bandido, mas sempre, no fim, o ratinho acaba condicionando o cara.

Eu conto sempre uma história de uma viúva que chegou para mim e disse: "Meu marido era tão mandão, tão mandão que não sabia onde tinha copo em casa, porque cada vez que ele estava com sede eu o servia". E eu respondi: "Coitadinho, morreu débil mental; até para beber água ele precisava de você". Isso se chama poder de submissão.

Se eu quiser caçar uma fera e domá-la, posso usar duas técnicas: a primeira é domar na base do chicote. A fera aprende a deixar de ser fera. É a técnica menos eficiente. A segunda é dar comida para ela. Quando começa a comer a comida que eu dou, ela para de caçar. Aí vem comer na minha mão, e eu crio uma dependência sendo submisso. O poder do submisso é um poder terrível. Foi o que marcou a geração dos nossos pais: os homens trabalhavam fora, as mulheres não tinham dinheiro, então os homens eram os chefes da família, certo? Errado. Quem mandava eram as mulheres, porque quem manda é sempre o reativo. Historicamente, as mulheres sempre foram reativas, e os homens, ativos, mas quem determina o comportamento é o reativo.

Quando a gente quer mandar, é porque tem medo de perder o outro. O medo é um dos informantes mais importantes do ser humano. Mas a maioria das pessoas não ouve o medo, não é capaz de admitir: "Estou com medo de perder, por isso vou cortar as pernas do outro; cortar proibindo ou cortar fazendo as coisas no lugar dele".

A desculpa verdadeira

Eu só posso, portanto, resolver o meu problema de relacionamento se eu resolver o meu problema comigo mesmo.

Não adianta tentar mudar o outro. Eu é que tenho de mudar. O relacionamento tem de ser uma oportunidade de autoconhecimento. Na medida em que vejo o que acontece no relacionamento, eu me vejo. Mas existem complicações para se autoconhecer, e uma das piores é a desculpa verdadeira: eu não olho para dentro, eu não me movimento porque tenho uma desculpa que explica tudo.

Para entender o conceito de desculpa verdadeira, eu gosto de contar a história de um cidadão chamado Douglas Badder, que era piloto da RAF. Com pouca idade, ele já possuía uma alta patente. Um dia, Badder caiu com o avião em um voo rasante. Não morreu, mas perdeu as duas pernas. E se viu numa situação terrível: estava aposentado sendo muito jovem, com um grande salário e sem nenhum futuro. Ele então desenhou e mandou fazer duas pernas de alumínio, articuladas através de correias. Assim, reaprendeu a andar, e quando saiu do hospital, voltou a trabalhar. Montou uma pequena fábrica e, em seguida, voltou a pilotar.

Quando estourou a Segunda Guerra Mundial, ele quis voltar a ser piloto da RAF. Badder, então, voltou à RAF e participou da defesa aérea de Londres. Participou também do bombardeio da Alemanha. Lá, seu avião foi abatido, ele ficou com as pernas presas nas ferragens, largou as pernas e pulou de paraquedas. Foi considerado o prisioneiro de guerra que mais deu trabalho para a Alemanha, em função das inúmeras tentativas de fuga que realizou.

Teve uma vida majestosa, mas o que eu acho mais bonito é a frase que ele deixou: "Quando você tiver uma boa desculpa, não a use. A pior desculpa do mundo é a desculpa verdadeira". Ele tinha a pior desculpa do mundo: era aleijado. Se tivesse usado essa desculpa verdadeira, ia passar a vida dentro de um hospital. Como não usou a desculpa verdadeira, fez de sua vida uma aventura maravilhosa.

O relacionamento amoroso também está cheio de desculpas verdadeiras. Por exemplo: eu digo que quero andar e que não faço isso porque o outro não deixa. É verdade que ele não me deixa andar, mas, no fundo, eu mesmo não quero andar, por medo, por exemplo. Só que não vejo isso, porque uso a desculpa verdadeira de que ele não me deixa andar. E o outro acaba conseguindo que eu não ande porque segura uma parte minha que é cúmplice dele.

Vamos dar um exemplo prático: uma mulher se separa do marido. Tem, então, toda a possibilidade de ter um novo romance. Mas dentro da cabeça dela há um superego rígido que a impede de fazer isso. Fora, tem um ex-marido que diz que se ela arranjar alguém ele a mata. E ela não anda, acreditando que não anda por causa do ex-marido. Ela tem de aprender a olhar para dentro e ver o que, dentro dela, a impede de andar.

Reconhecendo a própria labirintite

Ver o que nos impede de andar, reconhecer o que está dentro de nós e o que está fora: a mudança no relacionamento amoroso começa por aí.

Um dia, fui fazer uma palestra no Banco Itaú. Era novembro, eu estava muito cansado, e a palestra tinha sido marcada para as oito da manhã, um horário horrível. Detesto chegar atrasado, e naquele dia cheguei, porque me perdi dentro do prédio. Já entrei ansioso na sala, onde havia umas duzentas pessoas. Meia hora depois de eu ter começado a falar, tive uma crise de labirintite. Perdi o controle por alguns minutos, mas encostei na mesa, liguei o piloto automático e toquei em frente. O auditório nem percebeu o que tinha acontecido comigo.

Seis meses depois, fui fazer outra palestra, dessa vez em Santos. Eu tinha acabado de voltar de férias, estava descansado, a viagem tinha sido ótima, a palestra era no fim da tarde, para umas vinte pessoas. Tudo maravilhoso. Mas, no meio do papo, tive uma tontura, como da outra vez. Achei que era mais uma crise de labirintite. Mesmo assim, continuei a falar. Já tinha *know-how* para esse tipo de situação. De repente, percebi um zum-zum-zum e parei para saber o que estava acontecendo. Era um pequeno tremor de terra. O prédio tinha tremido, e todos estavam muito espantados por eu ter continuado a falar como se não estivesse acontecendo nada. Quer dizer: no terremoto e na labirintite, sentimos a mesma coisa. Mas, se eu pensar que tudo é terremoto, não vou crescer na vida, não vou descobrir a minha labirintite.

Porém, se, ao contrário, eu pensar que tudo é labirintite, também estou perdido, porque a responsabilidade será só minha e não verei que há um terremoto fora de mim. É como a história da bomba de Hiroshima. Depois da explosão, encontraram um sobrevivente, um japonesinho que tinha uma cordinha na mão. Perguntaram a ele o que era aquilo e ele respondeu: "Não sei, eu estava no banheiro, puxei o cordão da descarga e a cidade estourou". Ele acreditava ser o responsável pela destruição de Hiroshima.

Nos relacionamentos, a gente pode ficar tropeçando sempre no mesmo buraco ou pode virar o japonês de Hiroshima, acreditando que a culpa da bomba atômica é nossa. Temos de descobrir o que está fora de nós e o que faz parte do relacionamento. Fazendo isso, podemos começar a mudar nosso gesto interior e introduzir em nossas relações a noção de diálogo.

Diálogo: aprender a ouvir

Mas como é que, em geral, as pessoas dialogam? Na terapia de casais, por exemplo, é comum os dois chegarem e um desfiar um rol de reclamações a respeito do outro. Cada um vê sempre o cisco que existe no olho do outro. O homem diz: "Ela me amarra, é um freio, me reprime". E a mulher responde: "O problema é que ele é um irresponsável, não leva nada a sério". Tudo verdade, de ambos os lados. O problema é que nenhum dos dois ouve o que o outro está falando. Então, a terapia se desenvolve no sentido de fazer com que ele ouça o que ela diz e vice-versa. Quando acontece isso, ele e ela têm condições de assumir a própria labirintite. Em seguida, cada um vai cuidar de si. Resultado: o relacionamento começa a melhorar.

O grande problema que existe no relacionamento é aprender a ouvir, porque, se eu ouço e levo a sério o que o outro está dizendo, posso começar a mudar. A única chance de melhorar o relacionamento é eu mudar, porque nunca vou conseguir mudar o outro. Até posso dar um depoimento sobre o outro, mas só posso mudar a mim mesmo.

Vou contar outra história: quando estava no terceiro ano da faculdade, eu trabalhava no serviço de psicologia da endoscopia, e lá chegavam, todos os dias, cidadãos que tentavam suicídio com soda cáustica. A minha função era descobrir a razão dessas tentativas de suicídio. Um dia, chegou lá um homem que tinha sido atropelado às duas horas da tarde numa rua de Mogi das Cruzes. Imagine como era o trânsito de Mogi há 35 anos. Ele provavelmente tinha sido atropelado pelo único carro que estava passando pela cidade naquela hora. Quatro ou cinco dias depois do atropelamento, ele morreu. Mas, quando ele ainda estava no pronto-socorro, conversei com ele. E perguntei: "Seu Manoel, o que é que aconteceu?". Ele disse: "Eu estava parado no sinal vermelho, e o carro vinha descendo. Olhei, o sinal ficou amarelo, e o carro continuava descendo. Aí o sinal ficou verde, e eu atravessei". Seu Manoel tinha toda a razão. Morreu atropelado com toda a razão.

Num casamento em que um vê o cisco no olho do outro e não consegue enxergar o cisco no próprio olho, os dois se destroem com toda a razão. A única forma de resolver os problemas do relacionamento é aprender a ver o cisco no próprio olho. Só assim é possível haver um diálogo. Se as pessoas aprenderem a ouvir o depoimento do outro, os psicólogos e psiquiatras vão perder um bom número de clientes, porque psicólogos e psiquiatras só trabalham muito porque as pessoas não sabem ouvir.

Se eu não aprender a olhar o cisco no meu próprio olho, não conseguir ouvir o outro, não chegarei ao autoconhecimento, não chegarei ao diálogo. Vou, por isso, repetir o mesmo gesto, vou procurar sempre uma pessoa com as mesmas características.

Ser inteiro para amar por inteiro

Esta é, enfim, minha visão sobre a instalação do desamor no casamento. O casamento é, sem dúvida, a instituição com mais chances de sinergia, de sucesso. As estatísticas demonstram seu fracasso. Lembrando sempre que as estatísticas só medem os vínculos que se rompem. Não levam em conta os que permanecem juntos, infelizes para sempre.

Da rotina à simbiose, passando pelo ressentimento, esse foi o roteiro das hipóteses teóricas para explicar tais insucessos.

Vemos o ser humano como um animal essencialmente dividido, com conflitos tanto conscientes quanto inconscientes. Uma dicotomização utilitária dos instintos leva esse mesmo ser humano a tentar negar em si, como más, pecaminosas, pulsões absolutamente normais. Dessa forma, ele se neurotiza. Neurose é a não aceitação da própria normalidade.

A repressão às pulsões transforma o homem num móbile desequilibrado. Caso ele encontre outro móbile complementamente desequilibrado, formará com ele uma unidade. Infeliz, inseparável. A ruptura de tal vínculo é dolorosa e inútil.

Só o trabalho com a parte de mim que eu vivo no outro poderá me libertar. Caso contrário, sofrerei a dor dilacerante de perder uma parte de mim e irei, imediatamente, apaixonadamente, procurá-la em outra pessoa.

Visão pessimista dos relacionamentos? Não acho que seja assim. Visão libertadora! Se conheço a etiologia de um processo, fico instrumentalizado para resolvê-lo. A solução não é fácil. Exige coragem para olhar para dentro. Para assumir que tenho em mim partes que aprendi condenáveis e que condeno nos outros. Descobrir que a não vivência dessas pulsões me prejudica. Coragem para ouvir depoimentos que sinalizem tais repressões e que posteriormente as confirmem. Depoimentos da pessoa amada ou de amigos que me amem o suficiente para dá-los. Ou no nível terapêutico. Ter contato com alguém que se conheça o suficiente para ser um espelho plano e no qual eu possa me ver com meu tamanho exato.

Visão libertadora porque, se o problema está em mim, é possível resolvê-lo. Difícil e doloroso. Mas possível.

Os riscos da radicalização

Sei que a maior parte das pessoas que defende uma proposta teórica corre o risco de radicalizar. Não creio que eu seja exceção. A eficiência do trabalho terapêutico dentro dessa proposta, a evidente melhora da qualidade de vida dos pacientes quando compreendem e assumem tal roteiro para o autoconhecimento, pode levar o terapeuta a dois riscos:

– encantado com a sua proposta, ficar surdo aos dados que a coloca em dúvida.

– radicalizar, desconhecendo nuances nos ajustamentos e passando a ver como patológicos todos os sinais e sintomas que confirmem sua proposta teórica.

Os textos produzidos passam a ser enfáticos e tal ênfase pode ser transmitida ao leitor. Vamos nos precaver contra isso. Há evidentes componentes simbióticos na atração pelo complementar. Sem que isso signifique patologia. Uma pessoa mais guiada pela razão se interessa e sente atração por alguém mais guiado pela vivência dos impulsos. Creio que isso é frequente, e não acredito que haja aí nenhuma patologia.

Vejo mesmo elementos que servem de estímulo, em vez de complementaridade.

É o caso do profissional que chega em casa planejando jantar, ler, ver televisão ou dormir. Passou o dia em contato com pessoas e deseja um período de isolamento. Sua esposa, no entanto, o espera arrumada para aquele jantar com os amigos que ele havia combinado e esqueceu. A força do compromisso e o estímulo da atitude da esposa o levam a tomar banho, trocar de roupa e enfrentar o compromisso social. Chegando lá... surpresa: é quem mais se diverte. Conta piadas, dança. Na saída, satisfeitíssimo, diz à esposa: "Querida, precisamos fazer isso mais vezes". O incrível é que o próximo compromisso terá o mesmo roteiro. A esposa, mais ligada às pulsões, serve de motor de arranque. Mas estimula a cigarra do marido. Não a preenche. A patologia está em viver no outro o que não sabemos viver em nós mesmos. Em sermos dois em um.

Há no mundo duas opiniões: a minha e a errada

É incrivelmente grande o número de pessoas que vive assim. Não sabe que o que causa tal postura é o medo. O medo de ouvir. De se espelhar. De iniciar uma viagem interior que, se é dolorosa, é ao mesmo tempo libertadora.

Uso outra metáfora para esclarecer o que é processo simbiótico: Dom Quixote e Sancho Pança. Acho incrível o desprezo com que ambos veem um ao outro. Sancho Pança acha Dom Quixote um trouxa. Poeta e visionário. Altruísta desequilibrado, não consegue amar ao próximo como a si mesmo. Porque não se ama. Só ao próximo, que tem todos os direitos e prioridades. Vive sem dinheiro. Porque dinheiro não faz parte do universo de suas preocupações. Apenas as grandes causas humanitárias o interessam.

Quixote acha Pança um horror. Dinheirista, só pequenos projetos na cabeça, egoísta, mesquinho. O tipo que come com a boca aberta. Utilitário por excelência, só vê nas outras pessoas o que nelas pode servir a seus propósitos. É um reificador, um coisificador. A dignidade dos outros não faz minimamente parte de seu campo de interesses.

Vi outro dia uma escultura esclarecedora. Dom Quixote, alquebrado, apoiava-se no ombro de Sancho Pança para poder andar. Este carregava o escudo e a lança. Como a viúva que servia água para o marido.

Só conheço uma forma de ser inteiro. Assumir o Dom Quixote e o Sancho Pança que moram em mim. Ter ideias grandes, ser humanitário, altruísta, recuperar a dignidade nas famílias, nas empresas, no país como meta de vida. Ser suficientemente egoísta para poder cuidar de mim de forma a chegar a concretizar tais projetos. Dom Quixote que não assume o Sancho Pança que tem em si é apenas um incompetente.

O sentido deste livro é o de apresentar uma hipótese para o relacionamento maduro. O ser humano só é capaz de amar por inteiro quando é inteiro. Emoção-razão, cigarra-formiga, Quixote-Pança. Inteiro.

Só dessa forma poderei me relacionar com alguém inteiro. Só dessa forma poderei viver a aventura de um amor que aglutina, estimula, constrói. O caminho para conseguir ser inteiro é viável, porque depende só de mim. Da coragem que eu tiver para me conhecer.

Minhas razões, tuas razões

Sim, nós a temos. E é penoso pensar que ter razão, vale dizer, saber usar com propriedade o atributo que é a conquista que diferenciou o homem dos outros animais, que poderia facilmente resolver qualquer conflito, se transforma numa arma que destrói.

Estou convencido de que a característica mais marcante da maturidade é a capacidade de ouvir, é a capacidade de trocar de pele.

Nossos avós diziam, com toda a propriedade, que Deus nos deu dois ouvidos e uma boca, significando que deveríamos ouvir o dobro do que falamos. Diziam também que enquanto a palavra está dentro de nossa boca nós somos o amo, o senhor. Na hora em que elas saem, nos tornamos escravo.

Atingimos a maturidade quando somos capazes de entender que não é verdade que haja duas opiniões no mundo: a minha e a errada. Há, sim, com enorme frequência, duas opiniões: a minha e a do outro. Poder ouvir o outro, ponderar suas razões, ponderar as minhas, contá-las, vê-las ponderadas, ponderar de novo... Parece tão simples... Seria a solução ideal. Certamente incrementaria enormemente a possibilidade que todos recusam; conservar, aumentar o amor que inicialmente aproxima as pessoas. Mas exige coragem de ouvir, de falar, de ouvir a resposta.

Este livro é uma tentativa de ajuda nesse caminho sem receitas... Não acredito em receitas, acredito em trilhas e não em trilhos. Será enormemente gratificante qualquer resultado nesse sentido.

Minhas razões, tuas razões.

Elas existem. Levá-las em consideração pode ser o diferencial entre o sucesso e o fracasso. Fracasso não de um ou de outro, mas fracasso dos dois.

Minhas razões, tuas razões... ambas são verdadeiras.